赤毛のエイリークの末裔たち（2）
― ニュー・アイスランダー ―

デイヴィッド ＆ ヴィンセント・アーナソン編著
山元 正憲 訳
プレスポート・北欧文化通信社
1000 点 世界文学大系（北欧篇 7-2）

David &
Vincent Arnason:
— The New Icelanders —
published 1994 by
Turnstone Press,
Winnipeg
Canada.

This Japanese version is published with the kind permission of the authors and all concerned.

訳者まえがき

2012年にプレスポートから上梓された『赤毛のエイリークの末裔たち―米大陸のアイスランド人入植者―』はアイスランド人の米大陸への移民物語である。これを敷衍する形で『赤毛のエイリークの末裔たち（2）― ニュー・アイスランダー ―』を刊行することとなった。本書は移民たちが祖国を離れてから、北米中西部のアイスランド・コミュニティの創建およびその後の活動に到るまでの状況を、主として移民やその末裔たちの行動を俯瞰する立場にある人たちの見地から、叙述したものである。本書に所収の入植者の古記録、旅日記、随想録、書簡、新聞記事などのバラエティに富む文献資料は、いわば、アイスランド移民やその末裔の言行録でもあり、彼らが辿った軌跡の実相を露わにしてくれる。原題は『The New Icelanders – A North American Community – 』(Turnstone Press, Winnipeg, Manitoba, Canada 1994) である。

当初、本書の編集者のアーナソン氏の居所がわからず、したがって連絡もつかぬままであった。そこで前書『赤毛のエイリークの末裔たち―米大陸のアイスランド人入植者』の著者 Simundsson 女史にアーナソン（Arnason）氏とは面識がないかを問い合わせたところ「知っている。現在は大学を退職してウィロー・ポイントにいる」との返答をいただいた。女史から直接電話をしてもらい、アーナソン氏とメールの交換が可能となった。本書翻訳許可も快諾いただいた所以である。

著者のD. & V. アーナソン父子は巻末に記されているようにアイスランド移民の直系の子孫である。父デイヴィド氏はマニトバ大学カナダ文学の名誉教授、作家・批評家・編集者の文人、子息のヴィンセント氏はフリーランスのデザイナーで、現在、祖先が約140年前に上陸した地点ウイロー・ポイントに住んで、祖先の住居を保守しておられるとのこと。

　なお、赤毛のエイリークをはじめとするグリーンランド、アメリカ大陸（ヴィンランド）紀行文集をまとめたアイスランド・サガ集を近々上梓して、本シリーズを以上三巻をもって完結の予定でいる。

　　2015年10月10日　　　　　　　　　　　　山元　正憲

目　次

訳者まえがき ……………………………………… 5

解説：アイスランドという国について ………… 9

序文 ……………………………………………… 15

シビル（巫女）の歌 …………………………… 19

マニトバのアイスランド人：原初の神話 …… 23

マイケル・オリトによる絵画「ソルゲイルの雄牛の図」…40

フリズヨウン・フリズリックスソン：
　　　ヨウン・ビャルトナソン宛ての手紙 …… 42

一八七五年　マニトバ自由新報 ……………… 51

ニュー・アイスランド憲法 …………………… 68

ダフェリン卿の訪問 …………………………… 84

天然痘に関する手紙（1887年3月13日）…… 90

アイスランド移民への助言 …………………… 98

シモン・シモンソンの思い出話 ……………… 106

アイスランド人のアメリカへの旅 …………… 108

ヨウン・ビャルトナソン ……………………… 121

郵便配達人 ……………………………………… 130

ミネソタ州のアイスランド人入植地一寸描 … 135

カナダ　一九七八年 …………………………… 142

サンフィッシュ ………………………………… 144

ギムリの女子たち ……………………………… 166

都会のアイスランド人、丁年に達する
　　　ウエスト・エンドの若者 ……………… 167

スヴァンヒルデュル・シーキュルドソン 十二歳
　秘密の日記……………………………… 188

回想のギムリ…………………………………… 198

二つの白い教会………………………………… 211

ミネオタのアイスランド人…………………… 219

レイキャヴィークのヴェトナム料理………… 236

ヨウラスヴェインを見たことがあるか……… 239

アイスランド系カナダ文学…………………… 244

北米アイスランド人の戯曲…………………… 259

アイスランド系カナダ人系譜学の起こり…… 266

アイスランド語学習…………………………… 277

ギムリ・ワルツ………………………………… 284

結びのことば…………………………………… 287

編集者について………………………………… 296

解説：アイスランドという国について

山元　正憲

　アイスランド人は十九世紀半ば＜火と氷の孤島＞と呼称されるアイスランドを離れて、カナダのウィニペグ湖岸に入植し、「ニュー・アイスランド共和国」を築いた。本著『赤毛のエイリークの末裔たち（2）―ニュー・アイスランダー―（The New Icelanders）』はその末裔たち五万人超がカナダとアメリカの中西部に特異な社会を築く途次に遺した初期入植の古記録、入植者の随筆・個人史・手紙・日記、新聞記事、思い出、写真などのコラージュで、原著者の言によれば、「歴史と記憶・神話へ旅するユニークな書」である。

　アイスランド十九世紀の六十～七十年代は移民の時期にあたる。移民運動は一八五五年に始まった。アイスランド人が米国ユタ州に入植開拓地を築き、一八七一年までに推定十七名を数えたが、大きな流れとはならなかった。

　十九世紀は天然痘の蔓延や火山の大噴火などでアイスランドの歴史上、最も暗い世紀であった。前半には物質的な条件は改善されていたが、まだ困窮的な状況は続いていた。アイスランド人は愉快で苦難にも耐えられる人たちである。アイスランドポニーにまたがり、レースを楽しんだ。冬の夕べには編み針と編み棒で衣服の繕いをしながら、家族打ち揃って読書を楽しんだ。読書にはサガを朗誦した。

　希望が芽生え始めていた矢先の一八五七～一八六〇年には国の主産業であった羊の大量病死により飼育に大被害をこうむり、一八五八～五九年は世紀で二番目の厳しい冬

となった。特にひどい被害を受けたのはアイスランドの北部である。もともと進取の気性に富む北部シングエイヤル（Þingeyjar）の人々の間では真剣な移住が検討され、その移住先としてアイスランド中世の今は失われた植民地グリーンランド（Grænland）が候補に挙げられた。しかしそれよりブラジルこそが最も有望な地だと考えられた。一八六〇年、三十五名がブラジルに到着し、さらに数百人が移住の準備をはじめていたのに、輸送上の困難から北米に変更を余儀なくされた。

　一八七四年にはインゴウルヴュル・アルトナルソン（Ingólfur Arnarson）がノルウエーからアイスランドに植民して千年となる紀元千年祭がレイキャヴィークで催された。その翌年の復活祭の翌朝、アイスランドの北東のアスキャ（Askja）火山が爆発した。

　アイスランドの北東、高地地域の荒涼とした熔岩台地に環状のディンギュフィエットル（Dyngjufjöll）連山がある。この連山に囲まれた中心的なカルデラ火山、アスキャは爆発噴火を繰り返してきた。一八七五年にはアイスランド最大の軽石噴火が起き、牧場は大量の降灰に汚染され、北東一円の羊が死んでしまった。多くの農民は離村せざるを得なくなり、西方の夢の大地ヴェスチュルランド（Vesturland：アイスランドの西方の土地、つまり北米）へ移住することになる。

　英領北アメリカ法が発効し、カナダの四州が参加してカナダ連邦が成立したのは一八六七年、五番目の州としてマニトバ州が連邦に加わったのは一八七〇年である。カナダの大平原には十九世紀末から二十世紀初頭にかけて、ウク

ライナ人やポーランド人などが移住してきた。これを含めた多くのエスニック・グループ（少数民族集団）の移住に対して、アイスランド人の場合は事情が異なる。一般的に移住の要因は種々に亘る。十九世紀に入ってからは貧困や人口増などの経済的理由によるだけでなく、政治的・宗教的な理由で迫害から逃れる移民が増大している。アイスランドからの移出民は、家畜の被害による災禍に加え、相次ぐ火山噴火で一八七三〜七五年にほぼ五千人の島民が住宅を失い、生活困窮となった。このとき当時のカナダ総督ダフェリン卿から届いた招待状がカナダ移住の大きなきっかけとなった。

アイスランド人はカナダ政府からある程度の自主独立を与えられ、「郵便切手くらいの小さなマニトバ州」の州境から北方に約五十キロ伸びた土地を新世界での永遠の家として選び、ここを＜ニュー・アイスランド（Nýja Ísland）＞と呼んだ。一八七三〜七四年にカナダに渡りオンタリオ州に逗留していたアイスランド人は一八七五年十月二十二日の午後、平底船でニュー・アイスランドのウィロー・ポイントに上陸した。また、ウィニペグ湖畔への移住の決意を固めた理由は入植者の多くが漁師であったことによる。アイスランドでは森林は消滅しているのに、新天地には鬱蒼たる森林があった。

これより先、レッド・リヴァーをウィニペグまで航行中、ニュー・アイスランドにはじめて築く町の名前を北欧神話の物語に出てくる＜ギムリ＞（Gimli: 勇敢で正義のものが死後に選ばれて行く天上の楽園）と決めた。翌一八七六年にギムリに入植した一人がアイスランド政府宛に手紙を出

して、ギムリという名前の由来について語っている。十世紀半ばから十一世紀にかけてグリーンランドを探検・命名した航海者・探検家の赤毛のエイリーク（Eiríkr rauði）が、魅惑的な名前をつければもっと多くの人が行くようになるだろうといって、＜グリーンランド＞と名付けたのと同じ理由だという。

　北米へのアイスランド人移民を論ずる際に二人の人物を除外することはできない。一人はシグトリッギュル・ヨウナスソン（Sigtryggur Jónasson）、北アイスランド東部のエイヤフィエルジュル（Eyjafjörður）郡エックスナダーリュル（Öxnadalur）のバッキ（Bakki）生まれで、独学後、一八七二年にカナダに定住した最初のアイスランド人である。一八七四年にはオンタリオ政府によって移民係官に任命された。一八七三～七四年にカナダへ渡ってオンタリオ州に逗留していたアイスランド人の大部分は予めアメリカ合衆国行きを希望していたのに、ヨウナスソンの適切な指導や面接によってカナダへ方向転換することになった。一八七五年にノースウエスト準州のキーウェイティン地区にアイスランド人居留地ともいうべきニュー・アイスランドを選定する際に、ヨウナスソンはこれにも加わり、その後、新聞＜フラムファーリ（Framfari「前進」）＞＜レーグベルク（Lögberg「法の岩」）＞の創刊に尽力し、ギムリ、アルボルク、リヴァートンへの鉄道線路の敷設に貢献するなど、北米アイスランドの歴史上、この男ほど入植地の強力な支援者であり続けた人物はいない。アイスランド人の理想的な人物であり、＜ニュー・アイスランドの父＞と呼ばれる。

もう一人は第三代カナダ総督ダフェリン卿。一八七七年にギムリを訪問したとき、住民を前にして、「ヴィクトリア女王の臣民になってもアイスランド人が自分たちの慣習を忘れる必要はない。どんなに貧しくても、どの家庭にも二、三十冊の書物が棚に並んでいる」と述べ、入植地のごく幼い子ども以外、誰でも文字が読めることに触れて、ことのほか感銘をうけた。ダフェリン卿はこのときより二十一年前の一八五六年にアイスランドを旅して、『高緯度地からの手紙』を著したことを回想した。「島民の貧困ではなく、歓待であり、文化、生得的な人間の威厳であり、若い女性の顔だった。犯罪、窃盗、放蕩などはこの島には存在せず、監獄も絞首台も兵隊もなく警察もなかった。奥まった谷間で暮らす人々の姿には長老に典型的な素朴さがある」という印象をいだいた総督はアイスランド訪問の経験がある他の外国人に負けないほどアイスランド人を褒め称えて、それ以後ずっとアイスランド人を温かく見守った。

　また、カナダの第十五代総督ツイーズミュア卿は一九三六年にギムリを訪問して、五十九年前のダフェリン卿と同様なことをいって賞賛した。アイスランド人は自分たちの文化的なアイデンティティを維持すると同時に、受入れ国の生活にも誠心誠意溶け込んでいった。アイスランド人は生来、文学を好み、特に詩歌愛好家である。孤立した牧歌的な生活が背景にあって、昔から家族全員が夕べに集い、声を出して読書する習慣があったことは大変な文学愛好家であることの証左になるだろう。
　一八七五年の開拓者たちはアイスランドの伝統を保持

し、受け継いでいった。伝染病の天然痘が蔓延したギムリでの最初の過酷な冬(一八七六〜七七年)、植民地政府、教会、学校を設立し、自分たち独自の新聞＜フラムファーリ＞＜ヘイムスクリングラ(Heimskringla)＞を発刊した。彼らの業績は子孫たちを奮い立たせる源となった。入植開拓者はアイスランドの遺産を大切にしながら、カナダの多文化主義を尊重し、カナダを愛し、忠誠を尽くしている。

序　文

D. ＆ V. アーナソン

　どんな事件がいつどこで起きたかを記録するだけでは歴史ではない。歴史とはどこか遠くで現に発生している、真実味を帯びた身近なものではなく、出土品や追想やもはや存在しない過去の形跡を組み立ててできたものである。

　本書『ニュー・アイスランダー（New Icelanders）』を編むため調査に取りかかったとき、この組み立て作業が胸をわくわくさせる行為であることに気づいた。手紙、雑誌、公文書、新聞記事、インタビュー記事、写真、民芸品等をまとめて組み立てていくうちに一つの物語が完成した。それは新天地入植という類をみない物語で、希望と絶望、英雄的行為と敵意に満ちた論争など人間世界に生ずるもろもろの事象にあふれているのである。

　しかし証拠資料が必ずしも同じことを語ってくれるとは限らない。同じ話でも実見した人により完全に異なる所見が示されるし、またある物語の中心人物が別の物語では端役となっていることもある。実話だと称する二次資料、書物、記事の内容が互いに食い違っていて、私どもの発見した証拠資料と完全不一致の場合も多々あった。アイスランド人社会の歴史と私たちの祖先の果した役割を論じていくうちに悟ったことなのであるが、自分たちでさえも事物を違った観点から解釈し、祖先の足跡に人々が考えていることとは異なる事柄を付与してしまっていた。わかりきったことながらが、ニュー・アイスランドの真実を語ることは生易しいことではなさそうである。

そこで事実を書くのを差し控え、その代わりに読者に次の二点を提供することにした。つまり一組の証拠資料を使って読者自身に物語を組み立ててもらうこと、および多種多様な経験をした人々の話にいろいろな見解を述べてもらうことである。憲法に興味のある読者のために、英語訳には難点もあるけれど、「憲法」も入れた。初期入植者の記録、新聞、手紙類なども収めてあるので、自分なりに話をまとめることもできる。あるいはウィニペグ、ミネオタ、マウンティンまたはギムリでアイスランド語を育てる話も読むことができるし、書き手が異なると事実の受け取り方に違いがあることもわかる。詩や短編は過ぎ去った昔を再現してくれる。この書物に添えてある写真を見れば、入植者やその子孫たちの世界が変貌していく様が想像できる。料理の調理法を読み、実際に料理を作れば、アイスランド文化に触れることができる。

　読者はどのような方法でこの本を読まれようと結構である。自らも共同執筆者であって、ともに秘かに歴史をつくっているのだと思っていただいてもいい。私たちは日々、対話可能なコンピュータ、テレビ、コミュニケーション・メディアといった将来性のある新世界に暮らしている。この書もそのような双方向性をなす読み物とみなして、読了後ご自分の歴史を作っていただけるよう切望する。

アイスランドの象徴、山の女神フィアルコーナ

シビル（巫女）の歌

「古エッダ ― Völspá 巫女の予言 ― 」より、

D. アーナソン

今や陸地は海中に沈み、太陽は黒ずむ。
天から輝く星たちが消し去られる。
宇宙樹の火は猛威を揮い、
蒸気と火炎を天まで立ち上げる。

私が読み取る未来は運のつきた神々の黄昏、
再び目に入るは青々としげる草木。
大地が海中から隆起し、鷲は奔流に魚を狙う。

さて、もっと知りたいか？

オージンは血ぬられた予言の杖を揮うだろう。
オージンの兄弟らの息子なるバルドュルとヘージュルは
広い風の故郷に、棲家を作るであろう。

さて、もっと知りたいか？

目に入るは太陽の光よりも明るい館、
燃えるような黄金の屋根、そこはギムリ。
罪なき神々が永遠に
和やかに暮らすところ。

（訳者注）

1．「古エッダ」：アイスランドに伝わる12世紀の「古代北欧神話・詩歌」の集成で、「古エッダ」とか「韻文エッダ」ともいう。古エッダの巻頭を飾る「ヴェルスパー」は＜［ラグナレーク］（ragnarök）（世界の終末・神々の黄昏）＞とも呼ばれ、北欧神話中でもっとも美しい詩の一つで、最高神とみなされるオージン Óðinn によって死の眠りから呼び出された巫女がこの世の天地の創造や終末と新生を語る長編詩である。

　北欧神話では神々より先に巨人族がいて、殺害された巨人の肉体から天地が創造される。ラグナレークで巨人族（Jötunn）と神々が戦い、巨人スルト（Surt）の投げたすべてを焼き尽くす炎で全世界が劫火に包まれる。大地は煮えたぎる海中に没し、美しい星座も天より墜ち、万事が終焉を迎える。しかし、やがて炎が消え、海の水が引くと、海中から青々とした陸地が浮上して緑の楽園が生まれる。巫女は万物が生まれ変わることを力強い表現で予言する。種を蒔かずとも生えてくる野の麦が風に揺らぎ、到るところが生命に溢れ、生き残った神々によって世界は再創造される。レイヴスラジルとリーヴという一組の男女がホッドミーミルの森の奥深くに隠れ住み、朝露をなめて生きていた。この男女が今日の人間の祖先で、この二人から数多くの子孫が生まれる。

2．宇宙樹＜ Yggdrasill（イグドラシル）＞：全世界を支えているトネリコ（ash）の巨木で、枝と根が全世界を構成する九つの国と繋がる。人間の居住地はミズガルズ（Miðgarð）と呼ばれる。世界の真中にあるアース神族が住む居住地アースガルズ（Ásgarð）に宇宙樹がそびえていて、天にもとどく枝が全世界の上に広がっている。

　三本の太い根はアースガルズ、巨人族が住む国ヨトゥンヘイム（Jötunheim）、霜と暗闇が立ち込める死者の国ニヴルヘイム（Niflheim）へと伸び、それぞれの国にある泉から水を吸い上げて宇宙樹は不滅の生命を保つ。しかしスルトの投げた炎で＜宇宙樹＞も炎上する。

3．オージン：人間ブーリ（Búri）の子ボル（Borr）と女巨人ベストラとの第一子。アース神族を支配する最高神。詩芸・戦闘・

死の神。

4. バルドュル (Baldur)：オージンと妻フリッグ (Frigg) の息子。容姿端麗で知力に恵まれた＜光の男神＞。ヘージュル (Höður)：バルドュルの弟で＜盲目の男神＞。

5. ギムリ：南の火の国ムスペルヘイム (Múspellsheim) の警固に当る巨人スルトが＜神々の黄昏＞で、太陽よりも明るく燃える剣で天と地を焼き尽くす。その烈炎を逃れたたくさんの王宮が蘇るが、すべてのなかで最高の場所の一つで、アースガルズの上方にあるのがギムリ (Gimli)。黄金で屋根を葺いた、太陽よりも美しい壮麗な館が建てられ、そこに新しい神々や人品のある人間が住み、平和に暮らす。巨人は暴風雨・噴火・地震・冬などの自然現象の人格化であるという考え方もある。

ニュー・アイスランド開拓の父、シグトリッギュル・ヨウナソン

マニトバのアイスランド人：原初の神話

D. アーナソン

　北米のアイスランド人のコミュニティ（社会）ほど特異な社会はない。アイスランド人の第一陣が北米大陸に大挙入植して百年を越えるのに、このアイスランド人コミュニティは依然として人目を引く存在である。国際的な組織もあるし、新聞『レーグベルグ・ヘイムスクリングラ (*Lögberg-Heimskringla*)』、雑誌『アイスランディック・カナディアン』も存在する。またこの社会には一人ひとりをアイスランド人社会の一構成員だという気持ちにさせる団結力のようなものがある。これはアイスランド語を話さず、故国のアイスランドに一度も行ったことのないアイスランド系カナダ人やアメリカ人の三世、四世も継承しているものである。

　たいていのエスニック・グループ（少数民族集団）は民族的アイデンティティ（独自性）の維持が問題となってくる場合には敢然と闘う。特にアメリカ合衆国でこの傾向が強いのはメルティング・ポット（melting pot るつぼ：人種・文化の混じりあった国）プログラムと呼ばれる同化政策が、少数民族のもつ忠誠義務に盛んに活気をつけているからである。カナダでも少数民族集団の三世はたいてい祖父母の維持していたアイデンティティを失くしてしまっているのに、北米のアイスランド人社会がこれを見事に維持してきているのには特別な理由がいくつか挙げられる。民族集団のアイデンティティの目標はとらえどころのないも

のであるが、北米のアイスランド人社会の場合＜イースレンディンガダーギュリン（Íslendingadagurinn アイスランド人祭）＞という祭日がその目標を支え育むのに一役を買っている。

　アイスランド人が北米に築いた最初の永住地はマニトバ州のギムリ（Gimli）で、一八七五年の十月二十一日午後四時半であった。アイスランド暦で冬の初日にあたる当日、二百八十五人が現在地ギムリの真南のウィロー・ポイント（Willow point: point は岬）に上陸し、その日の夕刻には二百八十六人に増えた。ヨウン・ヨウハンスソン（Jón Jóhannsson）、別名ヨウン・アウ・ベルスタズ（Jón á Bölstað）という最初の子供が新天地で誕生した。ギムリとアイスランド人の運命的な出会いである。

　マニトバ州のアイスランド人入植はいくつかの点で特異である。アイスランド人はカナダの平原に移住した他のエスニック・グループとは根本的に異なる経験をしている。まず第一にこの世の終末を思わせる大惨事を経験した。一八七三年から一八七五年にかけて、アイスランドの相次ぐ火山噴火で、ほぼ五千人の島民が家を失った。大災害による景気後退期に、アイスランドには被災者に対処する余裕も経済的基盤もなかったこと、および当時のカナダ総督ダフェリン卿から招待状が届いたことも相俟って、カナダ移住のきっかけができてくる。重要なことは確かに経済状態が芳しくはなかったけれども、それが主たる理由で移民が始まったわけではないということである。さらに国内の政情や宗教に対する反動から移住が始まったわけでもない。アイスランドを離れた集団はいろいろな階層からなっ

ていた。知的専門の職業に就いているもの、熟練工、漁師、農夫など貧しき者も富める者もみなこぞって移住した。アイスランド人の入植地は典型的なアイスランド社会の一断面であって、移住者は社会を構成する代表者たちでもあった。その意味でカナダへ移住した他国の大集団とは事情が

1882年のカナダ

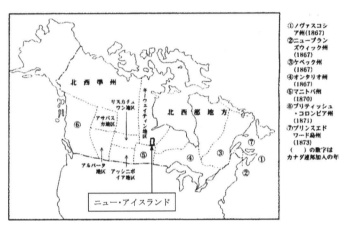

(訳者挿入)

異なる。歴史家ルイス・B・ハーツの指摘によれば、文化の一断面を担っていた個々人が敵対する相手を本国に残して新天地に移住することになるという。対抗勢力に立ち向かうことなく、移住先で自ら立派な進歩を遂げるのである。アイスランド人移民は本国での論争をすべて新天地に持ち込み、以後その問題を引きずっていくことになる。

　アイスランド人入植者がウィニペグ湖岸への移住を決意した理由はいくつかある。入植者の多くが漁師であり、ウィ

ニペグ湖は魚類に富んでいた。ここには取って代わりそうな場所として肥沃なポーティッジ平原（Portage plain: マニトバ州南部のウィニペグ湖西方。中心都市ポーティッジ・ラ・プレリーは鉄道・ハイウェイ交通の要地—訳者注）があったが、そこは最初の調査隊が足を踏み入れたとき、バッタの大群に悩まされ、入植の気をそそる魅力的な場所には思われなかった。ウィニペグ湖岸は鬱蒼とした森林であった。

アイスランド本国では森林は完全に消滅していたので、尽きることのない量の薪と建築資材にアイスランド人は心が惹かれた。思いがけなく彼らはさらにはカナダ政府よりある程度の自主独立を最終的には与えられることになったが、郵便切手ほどの小さなマニトバ州の州境から北のキーウェイティン地区（Keewatin: カナダ北西準州南東部のハドソン湾西岸の一地域を占める行政区で、大部分はツンドラ地帯。一九二〇年以降政府の直轄地—訳者注）への定住はしかし問題であった。

人により呼びかたは異なるが、「アイスランド保護区」とか「ニュー・アイスランド共和国」として知られている入植地の中身は他に類を見ない。入植者たちに提供された奥行七十キロ、幅約二十キロあまりの土地はウィニペグ湖岸沿いに現在のウィニペグ・ビーチの近くのバウンダリ・クリークからアイスランド・リヴァーに到り、さらにヘクラ島を含めている。この地区に入植を許可されたのはアイスランド人のみである。アイスランド語を公用語として永久に使用する保証も得た。当時は「英国刑法」が施行されていたが、アイスランド人には独自の民法の使用が許可されたので、これを行使して、英国の法律ともアイスランド国の法律とも全く異なる設立勅許状が作成され、これには

たとえば社会福祉とか寡婦や貧困層支援のための入念な制度も謳い込まれていた。選挙権は拡大されて、有給の職に就いている十八歳を超えた善良な男性全員にも与えられ、学校教師と牧師は別として、二十一歳以上の男性はみな公職に就く資格があった。

共和国全体は湖水地方を意味するヴァトンシング〈Vatnsþing〉と呼ばれたが、ヴィージルネスビュグズ〈Víðirnessbyggð〉、アウルトネスビュグズ〈Árnesbyggð〉、フリョウツビグズ〈Fljótsbyggð〉、ミークレィヤルビュグズ〈Miklejarbyggð〉の四地区に区分けされた。四地区は概ね独自に運営されたが、年に一度、三月十一日に地区代表がギムリに集合し、重要問題や憲法改正を議論した。その記録は五巻本にまとめられた。第一巻は会議議事録、第二巻は人口調査、第三巻は道路建設の記録、第四巻は誕生・結婚・死亡などについての重要な統計、第五巻は土地取引と地価の記録となっている。事細かに記述されている憲法は複雑で理解しづらいものであるが、当時としては目を見張る文書であった。

アイスランド人コミュニティが経験したことを理解するのに重要なのが原初の神話である。プレーリー（大草原）を開拓してできた他のコミュニティでは、マグレガーやマクレアリのような人名、バルモラルやサン・スーシ（Sans Souci）のような祖国の地名、ウィニペグやピナワといったインディアンの地名に由来した名称が付与された。しかし、最初の入植地であるギムリ（Gimli）は北欧神話の偉大な「ギムリ宮」に因む名前である。＜古エッダ（Elder Edda エルダー・エッダ：Eddukvæði）＞（一二〇〇年頃の

古代北欧神話・伝説の詩集―訳者注）によれば、「ラグナレーク Ragnarök」という世界滅亡の日（神々の黄昏）に、巨大な狼の「フェンリル（Fenrir）」が最高神「オージン（Óðinn）」を殺し、狼の「スコール（Skoll）と「ハティ（Hati）が太陽と月を食べ、さらにトネリコの木の宇宙樹（世界樹）「イグドラシル〈Yggdrasill〉」が揺さぶられ、神々が最後の戦いで破れるが、そのあと宇宙全体がもとの火と海に還る。そのような状態から島が生じ、その島に偉大なギムリ宮が建てられる。ここに最高の人間たち、最高の巨人たち、最高の神々と外の闇の世界の生き物が集う。（ギムリ宮に入るにはたいへん骨が折れ、それが可能なのは少数の神々だけ）噴火で文字通り家を失った人々にとって、申し分のない呼称こそ終末的大惨事後の明るい未来が展望できる。

アイスランド人コミュニティの子供たちによく語って聞かされる神話を略述したい。アイスランド人が祖国を離れたのは相次ぐ火山の爆発によって氷の海に投げ出されたことによる。彼らは何か月も苦難の旅をつづけ、大西洋を横断した。カナダに到着したとき、彼らを待ち受けていたものは人も物も皆無であった。オンタリオ州のキンマウントで一年間過ごしたあと、西へ向かう。猛吹雪のなか、スペリオル湖を横切り、ミネソタ州のセント・ポウルまで苦労して進み、レッド・リヴァーを下った。

ウィニペグに着くと、巨大な平底の荷船であるバージ（艀<ruby>はしけ</ruby>）を三隻借りて、他の船に曳航させてレッド・リヴァーを下り、河口までやって来る。そこでハドソン・ベイ会社（Hudson's Bay Company）所有の、ウィニペグ湖唯一の気船に乗りかえる。引きつづき、のちにアイスランド・

リヴァーと改名された川までの航行中、秋の嵐に襲われる。年も押しつまっていた。船長が係留されていた艀を流すと、それは岸まで漂ってゆく。一行が上陸した地点近くには白い巨岩があった。ウィニペグ湖の南側では唯一大きな白い岩だった。そこの一時的避難場所となった岩屋で、新天地で最初のアイスランド人の赤ん坊が誕生した。

最初の冬は歴史に残るもっとも寒い冬だった。入植者たちはハドソン・ベイ会社から支給されたテントや自分たちが建てた粗末な丸太小屋に住まざるをえなかったが、その年も終わりに近づいていて、地面は凍結し、壁の隙間を埋める泥を見つけるのにも骨を折った。入植者たちにとって難儀な時期であった。彼らは斧の使い方にも不慣れであった。アイスランドでは木々が生育しない。彼らはまた氷を割って魚をとるすべも知らなかった。アイスランドでは海は凍結しない。

翌年の夏には天然痘が大流行し、百二人が死んだ。この伝染病は一年以上も続き、アイスランド人コミュニティは検疫で隔離され、孤立と恐怖を試されることになった。人口の移動は全面的に禁止され、家族は引き離され、瀕死の者にもほとん救済の手が差し伸べられなかった。その後十二年間に、洪水に見舞われた年が九回あり、またバッタの大群にも襲われもした。これで最後にしてもらいたかったが、そうはならなかった。住民はすべての農場に名前をつけ、入植者の数も増え、アイスランド人社会は繁栄し始めた。

農場に呼称をつけるという私の成長期のこの行為に関連して私はいくつかの思い出話を所有している。私は〈エス

ピホウトル（Espihóll）＞（「ポプラ宮」の意味—訳者注）という農場で生まれたが、これは＜ニャールのサガ（Njálssaga）＞（成立一二八〇年頃とされる—訳者注）に登場する有名な農場と同名である。祖父は＜ミュラル（Mýrar）＞（「荒地・沼地」の意味—訳者注）という農場と＜グレーナメルク Grœnamörk）（「緑の森」の意味—訳者注）という農場を所有していた。我家の南側には＜ボウルスタージュル（Bólstaður）＞（「居住地」の意味—訳者注）、北側には＜スタラスコウギュル（Staraskógur）＞（「ムクドリが森」の意味—訳者注）という農場があった。

　子供たちに伝えられたこのような逸話は実は大概事実に基づいている、さらにもっと大切なことはそれがまた神話の中でも裏打ちされているということである。比喩的にも文字どおりにも船は漂流してアイスランド人たちは思いも寄らない誤った場所にたまたま漂着して上陸することになった。その場所はしかし奇跡の白い岩という特別な場所として印されているのである。彼らは疫病とか、洪水による試練とか、バッタの被害とか、地名の確定等の浄化を経て、彼らはアイスランド発見記となっている古アイスランド語の＜ランドナウマボウク（*Landnámabók*：植民の書＝国取り物語）＞（最初期［874-930］のアイスランド植民と開拓者の記録—訳者注）に記載されているのと同じ手順で新たな国造りを行なったのである。

　話はこれだけでは終わらない。激しい宗教論争がアイスランド人コミュニティを二分した。パウトル・ソルラウクスソン（Páll Thorláksson）尊師とヨウン・ビャルトナソン（Jón Bjarnason）尊師はそれぞれ＜パウトル党＞、

ギムリを中心としたウィニペグ湖周辺図
(旧ニュー・アイスランド)

(訳者挿入)

　＜ヨウン党＞という敵対する派閥を率いた。パウトルは厳格な福音主義教会系アイスランド・ルター派グループの代表となったが、これはアメリカ・ノルウェー地方教会会

議とも関係がある一派である。これと比べてヨウンの方は穏健なアイスランド・ルター派信徒を率いたが、このうち多くの信奉者が後にプロテスタント・ユニタリアン派に宗旨を変更した。パウトルはギムリ入植地が気に入らなかった。アメリカの制度は称賛していたが、英国の制度は信用していなかった。アイスランド人はカナダよりもアメリカ合衆国の入植地で同化したほうがうまくいくと思っていた。信奉者をアーガイルに導き、サスカチュワンやノースダコタへも先導した。新世界でのアイスランド人のデイアスポラ(集団移住・四散)は始まっていた。

　アイスランド人がカナダへ渡ったのは他国の移民と同様に、入植が目的であった。入植者数、日時、地名および地図など一切を歴史家は入手することができる。だが、事実を並べても物語になるわけではない。つまり、私が言いたいのは地理こそが事実と物語の橋渡しとなり、この世界についての真実を紛れもなく素直に語ってくれるということである。ある風景をどのように理解するにせよ、それは文化と生活経験とを媒介にして理解していることになるのである。

　そのようなわけで、マニトバ州に移住したアイスランド人がウィニペグ湖岸に造ったニュー・アイスランドは、その昔祖先が建国したアイスランド国のミニチュア版とでもいうべきものである。アイスランド人はウィニペグ湖に沿って入植した。アイスランド人は漁師なんだから湖岸での生活を選んのだと強弁すればわかりやすいであろう。しかし彼らはもともと湖で漁をする人たちではなかったので、漁獲法を一から十まで習得しなければならなかった。

流し釣りではなく漁網を据えつけながら、その合間に、厚さ一.二メートルばかりの氷の下の魚を獲ったのである。インディアンに漁労を教えてもらい、それが縁となってインディアンと特別な交わりが始まった。

　洪水に見舞われて労働が無に帰すことが繰り返されたため、洪水は避けがたく必要なもの、いわば新たな試練として受け入れられた。一八九七年以降にウクライナからやってきた人たちはいっそう現実的な人たちだったので、入植地西方の分水嶺にあった＊ビーヴァーダム（川に家族群で生息するビーバーは木をかじり倒して運び、流れを堰き止めてダムをつくる習性がある―訳者注）は洪水の原因になるとして、すぐさま解体した。するとたちまち洪水はなくなった。

　これまで詳述してきた事柄のいくつかについて信憑性に異論を唱える人がいるかもしれない。事はこのようには運ばなかったのではないかと。アイスランド人を乗せた船は嵐のなかを漂ううちに接岸したのではない、というのが事実であろう。風向きに合わせて針路を変えながら水道を通過した船はウィロー・ポイントの背後の静かな潟湖に入ってきた公算が大である。だが今、私は窮屈な史実に拘泥したくはない。面白くて役に立つ架空話が真実に思われる。私はそちらの方に興味を覚える。

　ニュー・アイスランド共和国は一八七五年から一八八七年まで十二年間続き、マニトバ州の拡張に伴って、一八八一年にはここに組みこまれることになった。それによって直ちにニュー・アイスランドがもつ特権が全部失われたわけではなく、一八八七年まで自治は維持された。この地域への入植はアイスランド人のみに限定され、

一八九七年になって漸く他国の移住者にも開放されることになった。蓋を開けてみると、新参の入植者は大方がウクライナ人かポーランド人の農民で、農業に精通した人たちであることが判明した。アイスランド人入植地はいわば都会地化してしまったといってよい。祖国アイスランドでは大農場でも孤立して存在することはなかったので、ウクライナから農民がやって来ると、アイスランド人の多くがほっと安堵のため息を洩らし、自作農場（カナダで入植者に与えられた、一戸あたり〇.六平方キロの土地―訳者注）を売り払い、都市へ引っ越していった。ウクライナ人に田野を気前よく譲ったのである。これが功を奏したのはウクライナ人が一様に農業に従事する集団として移住してきたし、アイスランド人の方は商業を営む集団となって新しいコミュニティに貢献したからである。

　アイスランド人のコミュニティはプレーリー（the Prairies：一般的にはミシシッピー州からカナダの中南部に広がるほとんど樹木のない大草原をいうが、特にカナダではマニトバ州・サスカチュワン州、アルバータ州の諸州をプレーリー州＜Prairie Provinces＞と呼んでいる―訳者注）にできた少数派民族コミュニティではもっとも古い部類に入り、ほぼ同時期にやってきたメノー派（the Mennonites：オランダの宗教改革者メノー・シモンズ＜Menno Simons 一四九六―一五六一＞が創始したプロテスタント・キリスト教の一派。幼児洗礼や兵役を拒否し、簡素な生活を送ることで知られる。―訳者注）教徒のみが、同等の長い歴史を持っている。

　その後、コミュニティが大いに分散してしまい、ギムリ、リヴァートン（Riverton―旧ランディ）、アルボルグといっ

た古い入植地ももはや完全にはアイスランド人の都市とはいえなくなっているのは事実であるが、今なおプレーリーでアイスランド的香りを漂わせていて、広範囲にわたり不可欠な存在感を示している。アイスランド人は新聞を引き続き発行してきている。「アイスランディック・フロウン(Icelandic Frón)」(Frón：「国家、国土」の意―訳者注〕や「アイスランディック・ナショナル・リーグ」のように活発な活動をしている文化団体もいくつかある。マニトバ州に移住してきたノルウェー人、スウェーデン人、ドイツ人のような後発の移民は人種・文化面で融合しすぎて、独自の文化的存在感を示す兆候はあまり見られないが、アイスランド人の方は依然として文化面で際立った集団を形成している。このような一致団結力を示す根源こそが原初の神話である。アイスランド系カナダ人はもちろん、アイスランド系アメリカ人も共有している神話である。私たちが振り返るのは海の彼方にある祖国アイスランドの、今は失われてしまったどこかの港よりも、新天地に移住してきた私たちのルーツである祖先たちの方である。祝典を挙行する時は故国を讃えると同時に、新天地のためにも祝杯をあげる。自分たちの叙事詩的な物語を語るにしても、新天地に定住してからの話となる。たとえば恐ろしい伝染病の天然痘が流行した時、子供の死体を春先に埋葬できるまで屋根に積み重ねて、狼に見つからないようにしたという話などはこれに外ならない。また、ネットリ・クリークでキャロライン・テイラーとシーグルジュル・クリストウフェルスソン(Sigurður Kristófersson)が結婚式を挙げたとき、幸福そうな新郎新婦がクリーク(リヴァーよりも小さい小

川―訳者注）のこちらの川岸にいて、メティス（Métis：フランス系カナダ人と先住民インディアンの混血児―訳者注）の神父がクリークの真中に浮べた小舟から大きな声で式典を司ったというような肩の凝らない話もある。アイスランド人だけの独自の国歌もある。グットルミュル・グットルムスソン（Guttormur Guttormsson）作詩＜サンディ・バー＞は、開拓者たちの悲しい苦労話をはっきりと呼び覚ましてくれて、北米アイスランド人にはアイスランドの中世の偉大な英雄物語に勝るとも劣らぬほど重要な歌である。

　最後になったが、私たちには＜イースレンディンガダーギュリン *Íslendingadagurinn* ＞という独自のアイスランド祭がある。この祭りは長年、北米のアイスランド人の間では最大の行事であって、完全に定着した感がある。八月第一月曜日にギムリにてと開催時期・場所が固定しているこのカーニバルは自分たち一人ひとりがアイスランド人であることを意識する大切な時局である。この祭りを司るのは山の乙女という意味の＜フャアルコーナ（Fjallkona）＞であるが、美貌で知られる若い女性だけが選ばれたわけではなく、アイスランド人のコミュニティ全体に寄与したことで名高い「大地の母」ともいうべき年輩の女性も選ばれるのである。（アイスランド語で、Fjallは「山」、konaは「女性・婦人・妻」を意味する。フャアルコーナはアイスランドの象徴となっている―訳者注）他所には見られない素晴らしいこの祭りはアイスランドから持ちこまれたものではなく、当地で生まれた式典である。フャアルコーナはアイスランドの一昔前の儀式ではいささか異なる姿をしていて、その役割はほとんど消滅しかけているようであるが、新世界では上首尾に

進行しているため、故国のファァルコーナの存在は蘇えることとなった。

イースレンディンガ・ダーギュリンで、北米大陸の津々浦々からアイスランド人が集合して、旧交を温め、家族再会の集いを開くが、もっと重要なことは原初の神話に再度思いを馳せることである。その神話に私たちは共同体意識を見い出し、これによって分散してしまい、今やすっかりカナダやアメリカ合衆国それぞれの国の神話体系に組みこまれてしまった人々を結束させるのである。この神話には威力があるので、アイスランド語がまったく話せなくても、一度もアイスランドに行ったことがなくても、自分はニュー・アイスランド共同体の一員であるとみなすことができるのである。

それ以上に重要なこととして、原初の神話は私たちの祭りを盛り上げてくれるマニトバ州の他民族のコミュニティと北米のアイスランド人コミュニティを結びつけてくれることである。インターレイク地区（the Interlake：ウィニペグ湖とマニトバ湖にはさまれた地域―訳者注）に、ウクライナ人、ポーランド人、イギリス人、ドイツ人、さらに他の種族や集団が共同体を形成している。アイスランド人草創の神話はこういう人々の物語でもあり、イースレンディンガ・ダーギュリンは彼らの祭りにもなっている。現在北米に住んでいる私たちは同時に多くの文化の中で暮らしている。自分たちの独自の文化を守り、同時に共有してもらうことを願う。イースレンディンガ・ダーギュリンと原初の神話はカナダにとって大事なものなのである。イースレンディンガ・ダーギュリンは古の帝国の夢を呼び覚まさずとも、自分たちは

カナダ人であるというもう一つの説得力ある証拠を与えてくれるのである。

> 昨夕、インターナショナル号で、第一グループ上陸。総勢二百八十五名。うち二百十六名が大人。六十家族、八十名の男性からなる。顔立ちの利口そうな、知的で優秀なこれらの人たちは我がマニトバ州の人口増に欠かせない極めて大切な人財である。少々経験を積み、この地の生活様式に慣れれば、それなりに障害を乗り越えて即座に対応する形質と芯の強さも備わっているので、アイスランドでの経験をも生かし、ひいては当地においても功を収め、成功をかちとること請け合いである。わずか数年でこの州で最高位の入植者となるであろう。（マニトバ自由新報）

（写真）一九二〇年頃のヘクラ島（ミクレイ）

(写真) 一八八五年頃、ビル・ホルムの曽祖父母、ヨハンネス・スヴェインスソン・ホルムとソフィア・ヴィルフヤウルムスドゥッティル

(ビル・ホルム氏写真提供)

(写真) 一九二一年、ギムリ港の気船「湖上の美人号」

マイケル・オリトの「ソルゲイルの雄牛の図」

　＜ソルゲイルの雄牛の図＞はアイスランドの古い民話がもとになった絵画である。一八〇〇年代初頭、アイスランドの一農夫が自分の雄牛を殺して皮を剥いでいる最中に、妻が家の中から「夕ご飯よ」と呼んだという。農夫が食事を終えてもとの場所に戻ってみると、奇蹟が起こっていた。牛は生き返り、剥がれた皮を引きずったまま野原を横切って走り去って行くところだった。雄牛はその際「このさき九世代にわたって、ソルゲイル一家に付きまとってやるからな！」と呪ったという。

　ソルゲイル一家は一八七五年に移民としてマニトバ州のニュー・アイスランドにやって来て、アルボルグ周辺地区に落ち着いた。もちろんソルゲイルの雄牛も同道して、今日でもマニトバに棲みついているのである。遠方の野原を突っ切って走っていく姿を時には目にすることがあるが、夜、犬に姿を変えて現れて、吠えることが多い。

　オリトの絵画には、新世界でのヨーロッパ神話の復活が描かれている。雄牛が古いヨーロッパという体躯から抜け出て、新世界に入ろうとする。アイスランドの山々を見捨てて、マニトバの平原を求めているのだ。死霊は強力で、その極彩色が絵画の意図するものときわめてよく調和している。死霊や神話までも移住させるとはすさまじいばかりの企てである。

「ソルゲイルの雄牛の図」(マイケル・オリト氏提供)

フリズヨウン・フリズリックスソン：
ヨウン・ビャルトナソン宛ての手紙

一八七五年頃、フリズヨウン・フリズリックスソン

一八七四年十一月十四日　トロントにて

最も敬愛する友へ

お手紙に深く感謝いたします。昨日落手いたしました(郵便局に四日間留め置かれていました！)。お手紙によるとお元気の由、ほんとうに嬉しく存じます。また、この国に

移住したわが同胞に関心をお寄せていだだき、感謝にたえません。こちらにも貴方のような国を思う方がもっとおられればいいのにと切に願うのですが、残念ながら実情はそうなっておりません。

　カナダのアイスランド人のことをお尋ねですので、できる限り努力して説明いたします。過ぐる八月の百十一人と今回の十四人、計百二十五人がアイスランドからオンタリオに移住してきました。このうち二十三人はすでにアメリカ合衆国へ移動しています。他界した者が六人となっていますが、これを超えているかもしれません。この計算でいくと、昨年やってきた者のうち九十人が当地にいることになります。これとは別に一八七二年の夏からここに住んでいる者が一人。昨年の八月に四人の子供を連れて、夫妻がアイスランドの南地区から当地にやってきました。以上、百三名のうちの大多数のアイスランド人はパリ・サウンド（Parry Sound パリ入江）のムスコカやロソー、またはその周辺に留まっていますが、トロントに住んでいる者も少数います。開墾して自分たちの家を建てた農夫はわずか二、三人ですが、農業経営が成功するかどうか私にはわかりません。残りの者はほとんどが雇われの身で、製材所や工場で働くか片手間の仕事をしていて、大方農業労働者です。昨年の九月に当地にやってきたアイスランド人は三五二人で、たいていの者の出身地はスカーガフィエルジュル（Skagafjörður）、エイヤフィエルジュル（Eyafjörður）、シングエイヤル（Þingeyjar）です。

　エイヤフィエルジュル郡のスキャルダルヴィーク（Skjaldarvik）出身のシグトリッギュル・ヨウナスソン

（Sigtryggur Jónasson）氏は当地に滞在して二年になりますが、オンタリオ州政府からケベックにいるアイスランド人と面会するよう依頼され、その後トロントまでアイスランド人に同伴することになりました。二、三人の独身男性は早速その地方の溝掘りに従事し、未婚女性や既婚の使用人も職探しを手伝ってもらいましたが、このグループの大多数は「エミグラント・ハウス」という移住者の家に二週間宿泊しました。一行の次の移動先はここから百九十キロばかり北東のキンマウントという小さな町です。キンマウントではアイスランド人が冬の間住むことになる住宅の建築中でした。アイスランド人は州政府からキンマウント近辺の土地と鉄道線路工事の安定した仕事を供与される予定です。この線路はオンタリオ湖と太平洋航路を繋ぎ、アイスランド人が居住することが想定される地区を横断することになります。

　そこは北方地区にあるため食料雑貨店がきわめて少なく、食料や必需品の調達に困難をきたしています。こういう情況の改善策として、シグトリッギュル・ヨウナスソンは一人のカナダ人と手を携えて、アイスランド人に必要なものなら何でも販売する事業を興しました。私はそこに住む友人と交信をしていましたが、その友人が不愉快な出来事をいっぱい届けてくれたのです。つまり、初めのうちは住宅不足からだったのですが、胃炎などのいろいろな病気で体調を崩し、二十名が死んだというのです。―幼児や十代の者が多かったようです。このような病気に罹った理由はおそらく貧弱な住宅事情と悲惨な衛生状態によるものでしょう。とかくアイスランド人と関連づけられてきた現象

です。いまでは健康面は改善しつつあります。北方の土地は一見不毛に見えても、ほんの一部ですけれども踏査されているところもあります。政府は高い給料と良好な住宅を約束しておきながら、それを果たしていないと、多くのアイスランド人が不満を抱いています。しかしこういった言いがかりの原因はたいてい思慮分別の欠如と金銭欲によるものです。アイスランド人がまあまあの生活ができるように政府は精一杯努力しているのですから。

アイスランド人は牧師がいないといって不平をのべていますが、それなりの立派な理由があります。児童教育がないがしろにされているのは全く由々しきことです。この件について最近シグトリッギュル・ヨウナスソン氏から手紙をいただきましたので、これをお送りして、この任務をお引き受けいただけないものかどうかお伺い致したく思います。アイスランド本国の平均的な仕事とくらべれば、ずっと困難だとは思いますが、事態が深刻なのでこの仕事の引き受け手がいないと困るのです。とはいいましても、短兵急に実行なさることは勧められません。少なくともアイスランド人が当地に落ち着き、コミュニティらしきものの建設が確実視されてからでもよろしいのです。

＜アイスランド協会＞のことでは一所懸命努力いたしますが、アイスランド人の大部分がここから遠く離れた田舎に住んでいるので、話し合いをもつのが困難です。それで地元に代理人を数名任命して、案件の話し合いがはかどるように手伝ってもらうつもりです。とはいえ私は本協会のことをあまり楽観視できないのです。なぜなら協会を二分割したうえで、それぞれに理事会を置くようにすれば、ど

ちらか一つはアイスランド人の過半数が住んでいるところに設置できるでしょうから、その場合は例外ですが、理事会をアメリカ合衆国に置けば、カナダのアイスランド人は会合に出席できませんので、加入することが困難になります。したがってこの件をアイスランド人に示したうえで、貴方にお手紙でその結果についてお知らせいたします。それとは別に名簿をお渡しいたしたく思います。

　妻ともども達者でおります。私がついている靴直し店の仕事はあまり汚れなくて気楽です。あまり金にはなりませんが、なんとかやっていけます。当地での仕事はミルウォーキーにいたときよりずっと気に入っています。大慌てで認めたこのような手紙を投函することになって申しわけございません。貴方と奥様の健康をお祈りいたします。

敬具

フリズヨウン・フリズリックスソン

一八七五年六月十五日　キンマウントにて

拝啓

　・・・この前の冬になりかけのころ、鉄道の仕事はきついとか日当一ドルは安いなどと、この地のアイスランド人が不満をもらすようになりました。これら以外にもまだまだ多くの苦情を申し立てたのです。なるほどと首肯けるものもありますが、中にはまったくの妄想から、当地とアイスランド本国のアイスランド人の双方が、アメリカについ

て甚だしく誤った考え方をいだいていて、そのための苦情もありました。たとえば、ここではどこの水たまりにも種々の魚がいっぱいいて、今度の食事にはどの魚にしようかと、ただ魚を選ぶだけでよいと彼らは考えます。また、森には小鳥や野生の動物があふれていて、食物が入用ならいつでも捕えることができると考えるのです。そのうえ、週に二、三日勤務して働くだけでも失職することはないと思い込んでいるのです。期待していたことが幻想だと気づくと、多くのアイスランド人は絶望し、こんな場所に連れてこられて惨めな思いをしているのはオンタリオ州政府のせいだと考え、逃げ出したい気持ちになったのです。ヨウハネス・アルトングリームスソン（Jóhannes Arngrímsson）がミルウォーキー出身であることはご存知でしょうが、この人が何時でしたか、アイスランド人たちに同調して、彼らの通訳をすることになりました。報酬は鉄道会社持ちです。アイスランド人をオンタリオ州政府に背くように、つまり彼らの気持ちがノヴァ・スコシアに向かうような機会を伺っていましたが、その理由はノヴァ・スコシア政府がアイスランド人を受け入れたがっていたことによります。アイスランド人は今や胸がわくわくして、ヨウハネスがノヴァ・スコシアのハリファックス（Halifax＝ノヴァ・スコシア州の州都―訳者注）まで行く旅費調達の募金を始めました。ヨウハネスは三、四人を連れてハリファックスに向けて発ちましたが、それは政府にお願いしてアイスランド人がオンタリオからノヴァ・スコシアまで移動する資金を供与してもらうのがねらいでした。この要求は却下されましたが、当然なことです。それというのも、連邦を構成している州

同士がこのように争っているのですから、まったく見苦しいというのです。その後、ヨハンネスらはノヴァ・スコシアを称賛する手紙を支持者たちに書いたのですが、実際には称賛する内容のほとんどが何の根拠もなく、こういう試みに反対する者に対して愚かさと敵愾心を暴露しただけです。

三月十五日に鉄道の仕事が中止になったので、アイスランド人は失職し、その場を離れかけます。オンタリオ州内の他所では仕事を探さず、リンゼーでのらりくらりと無為に日々を過ごし、アイスランド移民のノヴァ・スコシアへの移動に関する新特例法が議会を通過するのを待ちました。

五月になってようやく、金銭面で余裕のある者総勢四十二人が有り金をはたいてノヴァ・スコシアへ移動しました。歓待されたと報告書にあります。お金を授かるか借りるかどちらかにして、当面の生活が維持できました。岸辺から約五十キロ離れたところに土地を約束され、またその近辺の道路工事の仕事にも有り付けそうでした。ところで、アイスランド人の手紙ときたらまったくでたらめなことばかり書いたものもあり、一体書かれている内容のどれが正しいのか容易にはわかりません。ヨウハネスは今、アイスランド本国にいて、人々をノヴァ・スコシアへ移住させようと説得しているところです。当地のアイスランド人は、この先どうなることやらと心配して、今のところノヴァ・スコシアに対する興味を失いかけています。

キンマウントにはまだ百六十人くらいのアイスランド人が残っています。このうち二人の農夫が土地を買い、三人

の農夫が土地を一年間賃貸しました。これら以外の多くの者はあちこちで、じゃがいも栽培に取りかかっていて、したがって少なくとも翌年の秋まではこれで落ち着けると考えているわけです。

当地での重要課題は失業です。近辺には仕事がありません。春の間ずっと鉄道関係の仕事が始まるものと期待していたのに、鉄道会社が金銭上の問題をかかえていることを知ったときは、本当にむなしい思いがしました。会社は政府に援助して欲しいと要求しているのに、政府はいい返事をしていませんが、それはほかにも鉄道建設中の場所がたくさんあり、たくさんの会社が政府にそれぞれ何らかの＜特別手当＞を求めているからです。それでも、来年の秋にはキンマウントまで鉄道が敷設され、そうなればこの地区は大いに潤うだろうと大概のものが期待しております。

この春、二十名を越すアイスランド人が＜無償供与の土地（Free-Grant land）＞を取得しました―大部分はキンマウントから四～十キロ隔たっています。森林によって覆われた肥沃な土地だといううわさですが、貧窮しているため、この夏、仕事に励もうと思っても耕作道具がないのです。それゆえに、鉄道建設の仕事が近々始まらなければ、職探しに遠くまで行かなければなりません。家族を残してとっくにこの地を離れてしまった者もいます。一般的にいえば、オンタリオ州全域の不景気と失業率は例年よりひどい状況にあり、給与はとてつもなく安いのです...。

.....ここキンマウントにいる私たちは、他所の多くのアイスランド人と同様に、アイスランド人共同移住地の設立を大いに願っています。しかし、キンマウントは移住地

として一見もってこいの場所に思えるのですが、満足のいくものにはならないだろうということが判明しました。それというのも、利用可能な土地があまり広くないので、最初からこの地にいた居住者と離れて暮らすことは不可能であり、ある程度までは無理してもこの先、住民と混ざり合って生活していかざるを得ず、そのために残しておくだけの値うちがある私たちの文化—私たちの言語と私たちの宗教—の特性を保持することができなくなるでしょう。

しばらく前に会合を開いてこの案件について議論し、差し当って何人かの代表者をマニトバ州政府に送るのがいちばんよいのではという結論に達しました。それはマニトバ州なら他所には見られない可能性がたくさんあるという理由によります。たとえば、（穀物などの栽培だけでなく動物の飼育用としても）農業に適した広い土地があるのですから、州政府がこうした土地を少しぐらいはアイスランド人にも分与するにやぶさかではないということを期待しています。私どもはこの任務にシグトリッギュル・ヨウナスソンと（アイスランド西部地区出身）のエイナル・ヨウナスソン（Einar Jónasson）の二名を選びました。これにジョン・テイラーという名前の老紳士も加わる予定です。さらに、（このお三方の）旅費を連邦政府にもお願いしました。この要求はかなえられるものと望みをかけています。その土地が役に立ちそうだということになれば、いままで準備してきたところ以外にさらにもう一つアイスランド人の村（コロニー）ができます。

一八七五年　マニトバ自由新報

　一八七五年七月十七日　　**アイスランド人**

　アイスランド旧モラヴィア教団のテイラー尊師とアイスランド人五名がただ今当地に滞在中。同郷人の代表団となるこの紳士たちが当地のアイスランド人全員の入植の件でマニトバ州の調査にやってきたのは彼らがオンタリ州やアメリカ合衆国に不満をもらしているからである。この人たちは何よりも釣りと狩りをしたいというのだから、わが社としてはマニトバ湖やウィニペゴシス（Winnipegooses）湖の近所を勧めたらどうだろう。　当然ながら誰かがこの人たちの世話係りとなり、そこかしこを案内してやる必要がある。

　（モラヴィア教会は十五世紀に旧チェコスラヴァキア中部のモラヴィアで興り、一七二七年に再組織された新教徒の教団。モラヴィアン兄弟団ともいう―訳者注）

　一八七五年七月二十日　**アイスランド代表団**

　自由新報編集長殿
　アイスランド代表団が入植予定地視察のためにだけウィニペグ湖に向けて発つ許可を得たのを遺憾に思います。ウィニペグ湖近隣の居住者の方がその対処法については詳

しいからです。当地にいる三万人の移民はいろいろなことを要求しています。活況を呈しているマニトバ州やウィニペグ市でも代表団の機嫌を伺う余裕はありません。代表団は肩の力をぬき、わかりやすいガイドをつけてもらって、マニトバ湖やウィニペグ湖周辺地域を案内してもらうべきでした。やりくりじょうずなウィニペグ市や州政府でも、そういう目的のための財源がないのならば、市民から寄付を募ることもできたはずです。

一八七五年七月二十日

一老人

編集長評：

わが社の記者は上記の投書が言及している派遣代表団の訪問に伴なう案件の一切を熟知していたとはいえないようである。代表団は今朝ハドソン・ベイ・ヨーク・ボート（内陸の水路で貨物の運搬に使用した大型の漕ぎ舟で、ハドソン・ベイ会社がマニトバ州のヨーク工場ではじめて造った一訳者注）に乗って出帆したが、ハドソン・ベイ会社の配慮でこの小船を思いのままに使用できたのである。スミス大佐からは快くテントを提供していただいた。さらに＊カナダ自治領の土地管理人で当地におられるコッド氏は国防法務局のヴォーム氏宛ての手紙で、できるかぎりの援助を施していただけるように請願いただいたが、発展しそうだと代表団が思っている地域に通暁している人はこのボーン氏をおいて外にほとんど見当たらないからである。副総督閣下におかれても代表団の健康にはたいへん関心を示されたので、代表団もこのような対処にたいへん喜んでいる。とはいっても、自治

領政府は代表団の任務にたいして当然付与すべき信任状を授けなかったのではないか。これまでの活動は完全に地元の努力によって実行されたもので、自治領政府はメノー派教徒（十六世紀オランダに起こった新教の一派—訳者注）と同様に、彼らをも世話すべきであったと我が社では思っている。

（＊「自治領」は大英帝国の有力な植民地に付与された名称。カナダの場合、一八六四年北米大陸にあるイギリスの四つの植民地が連邦を結成し、一八六七年「イギリス連邦カナダ自治領」となる。第一次世界大戦まで自治領に国際法上の主体性は認められなかったが、一九三一年外交自主権を獲得して完全な独立国となる—訳者注）

一八七五年八月四日　**アイスランド派遣団**

自由新報編集長殿
　マニトバ州を離れてオンタリオ州に帰るこの折に、自由新報の投書欄をお借りして一筆感想を述べさせていただきます。アイスランド人移民の入植地建設にふさわしい土地探しが目的なのですが、オタワ政府の賢明な力強い政策のおかげで、アイスランド人の代表団とともにこの地を訪れることができました。ほとんどあらゆる方面から温かい歓迎を受けて、私の骨折仕事もすらすらと運び、当然予期していたとおりの順調な結果がきわめて容易に得られたことを報告できて光栄の至りです。
　私たちが選んだ特別保留地とでもいうべき場所、つまりウィニペグ湖西岸は何人（なにびと）にもまったく迷惑がかかることのありそうにないところで、アイスランド人移住者にはまっ

たくぴったりの場所に思われます。自然にも恵まれ、漁業と牧畜で得られる糧食が豊富にあるので、アイスランド人が馴れている長く厳しい冬もあまり苦にならないでしょう。また、マニトバ州全体の土地とくらべても質がずっと勝る肥沃な土地では穀物が生産されることでしょう。その場所には水路で容易に行けますし、冬には氷の上に立派な道ができます。全体的に考えて、活気あふれる入植地を短期間に築けない理由など見当りません。アイスランドからの移民の第一陣は五月にフォート・ギャリー（Fort Garry：大草原の中のハドソン・ベイ会社の主要地で、現在のウィニペグにあたる―訳者注）に到着するはずです。現在オンタリオ州にいる四十から五十家族がこの秋、当地に移るでしょうが、定住に必要な段取りが整えば、魚を獲るのにも間に合います。今ここにいる一行のうちの三名はそれ相応の準備が終わり次第移動しますが、目下のところ鉄道踏切の仕事に出かけていて不在です。

　マニトバ州知事やウィニペグの多くの友人たちの温かい思いやりに謝意を表明いたします。何事によらず、いつも変わらず礼儀正しく、私たちの願いを快く聞いてくださいました市長に対してもお礼の言葉を申し述べます。市長およびシンクレア、ラクストン、ライト諸氏にたいしてもお礼を言わなければなりません。皆さまのおかげでアシニボイン川に沿った大平原を一緒に楽しくドライブし、異常発生したバッタの大群にあっても作物が被害を被ることがなかった農場を訪問できたのですから。

　決して忘れてならないことはハドソン・ベイ会社のマクタヴィッシュ（McTavish）氏の親切な援助のおかげで、

私たちは大いに安心して恙(つつが)なくウィニペグ湖に行くことができたことです。それに途中でロワー・フォートのフレット氏も私たちを歓待してくださいました。テントや寒さよけの覆いものを貸してくださったニクソン氏にもお世話になりました。信頼のおけるガイドのモンクマンの尽力は欠くことのできないもので、私たちが敏速に首尾よく巡視できたのはこの男のおかげです。

　最後になりましたが、特別に触れておきたいのは、連邦自治領政府土地管理局のみなさんの親切な援助のことです。とくにドナルド・コッドさんにはお世話になりました。私たちの予定している入植地に対して政府の意向を打診してくださったのがこの方だと考えると、本当に喜ばしいことこの上ありません。今日まで神が私たちを導き給いしことに、神は慈悲深くしろしめされて、この仕事がこれからも進捗するようご指示くださると信じつつ筆を置きます。

　　　　　　　　　　　　　　　　　　　　　　　　敬具

アイスランド代表団代表者ジョン・テイラー

ニュー・アイスランド植民地のカナダ代表政府職員、ジョン・テイラー

一八七五年八月十一日
ジョン・テイラーの探検日誌

購読している皆さまに約束どおり、この地から出発したアイスランド代表団の活動状況を二、三報告いたします。この代表団は少し前、調査に派遣された出発地オンタリオに戻ってくると、すぐまた当地から出立していたのです。

官有地のわが方の代理人ドナルド・コッド氏と相談ののちようやく、最も人々の要求に合いそうなところ、つまりウィニペグ湖西岸を最初に訪問するという取り決めができ

ました。

　それを受けて、マクタヴィシュ氏の思いやりのある計らいのお蔭で、一行はこの前の七月二十日火曜日の宵にフォート・ギャリーを発ち、同夜ストーン・フォートに着きました。同氏はハドソン・ベイ会社の大型船を一艘、一切の費用を無料にして提供してくださり、移動に必要なあらゆる種類のキャンプ用必需品も、これ以上はないという寛大な条件で提供していただきました。

　ハドソン・ベイ会社の担当職員のフレット氏はマスト、索具、帆、防水シート、引き綱のほか、装備が完ぺきにできるよういろいろな必要品を与えてくださったことをここで述べておきます。同氏の親切なおもてなしには頭が下がります。

　水曜日には二十キロか二十四キロぐらいしか進むことができませんでした。翌日は強い北風にあおられ、一日まるまるキャンプせざるを得ませんでした。セルカークではヴォーン氏と二人の息子から情報をたくさんいただくことになりましたが、この人たちは沿岸を調査していて、この度の私たちの実地調査にたいそう関心をよせてくださいました。

　二十三日金曜日の午前四時、慌(あわただ)しく食事をとっている最中、一行にガイドのマンクマンが加わりました。どこを探しても多分こんな人物は見つかりそうもない最高の案内役で、移動中も評判どおり十分にその役割を果してくれたことを知り、一同嬉しく思っています。

　マンクマンがお供をしていたシュルツ博士は船までは行きましたが、一行とは同道しませんでした。二人のハーフ

ブリード（Half-breeds：アメリカインディアンと白人との間の混血児—訳者注）はすでにフォート・ギャリーからきた小船で働いていました。一人は舵取りとして、もう一人は賄い兼船首寄りのオールの漕ぎ手として行動していました。

　船を漕いで航行し、河口にたどりついたのは午前九時です。東西南北、見渡すかぎり、風に波打つ草の大海原が大鎌や芝刈り機の活躍を待っていて、どこまでも果てしなく広がり、これから先何年か羊や牛たちの冬季の尽きぬ大食料庫となることを思うと、驚くと同時に嬉しくもありました。目前に横たわる大きなウィニペグ湖は眠っていて静かでした。

　三日間続いた北風で凶暴になっていた、＜激怒し、逆巻き、唸っていた湖＞（テイラー氏の旅行中のメモからの引用です）は、このとき完全に凪いでいました。遥か北方のノルウェー・ハウスやサスカチュワン川までも果てしなく伸びている渺茫たる水面をながめたときは、ふたたび自由をとりもどした気持ちになりました。

　ムーアヘッドを発った私たちが一一二〇キロにわたり探査の旅を続けてきたレッド・リヴァーは何か所も蛇行していて、気がつかぬうちに川は大きくなり、今ようやく河口に立っていますが、ここのいくつかの幅広い水路から川は水を勢いよくこの大きな内湾に注いでいます。ぐるりと周ってウィニベグ湖の西岸に到ると、湖の南東部に面したフォート・アレクサンダー行きのスクーナー（2本マストの縦帆式帆船—訳者注）が帆走しているのが見えました。また、私たちの船にそっくりの大きな船が二艘、私たちよりももっと東よりの水路を通ってレッド・リヴァーから入って

くるのに気がつきました。

　この地は進歩著しく、まことにすばらしいところです。あとどれくらい経てば、遥か遠くの広大なサスカチュワン州や他の地域の広い平原で実った豊かな作物を積載した船がマストを立てて湖を行き来し、河口が賑わしくなるのかが誰にも分かることでしょう。わがアイスランド人の商船も仲間に加わるのでしょうか。誰にもわかりません。陸地がシェルター（保護物）となって風上に出られるので、私たちは船を十分岸に接近させて、西風をうけながら航行し、ガイドの説明を確認できました。

　石一つ見つからない白い砂浜はレッド・リヴァーの河口から二十四キロの地点のウィロー・アイランドまでほぼずっと海浜が続いている証(あか)しとなりました。近くに二、三軒の家があり、二人のイギリス人青年が立派な農場を拓いていました。帰りに立ち寄らせてもらうことを申し出て、心地よいそよ風の中を休むこともなく、ウィロー・アイランドまで旅を続けました。ここでは風が強くなったきたので船は浜に引きあげ、小型の漕ぎボートに乗りました。以前はバラスト（底荷）として小石を得ようとしたことがありますが、葦(あし)を覆っている丸い巨石を二、三個水中から引きあげることに成功しました。

　午後一時半にウィロー・アイランドを発って北に向かい、三時間後にはドランクン・リヴァーまでやってきました。約三十キロも離れているので、休息所の間隔がずいぶん離れていることになります。この時は順風でしたが、いつ変わるかわからぬ天候だったので、はじめに考えていたとおり、二十～二十四キロ先のサンディ・バー（Sandy Bar）

で野営することにしました。わが混血児の船乗りは遠い遠い北方へ行くことにあまり気が進まず、二人とも煙草一服もしないうちに寝入ってしまいました。マンクマンが舵取りになり、船はまっすぐ進路をとってドランクン・リヴァーから十～十三キロ北にやってきたとき、二人が目を覚ましました。私たちはその時は笑いを抑えることができませんでした。目を覚まして、頭をひっかくやら、当惑してまごついた目で風上に視線を向けるやら、ほんの四～五キロ前方のビッグ・アイランドに気づいたところでやっと事の次第をのみこんだようでした。

風が弱まってきたのでまたオールを漕ぎ、七時半には船をサンディ・バーの浜に着けることができました。ここは本土からビッグ・アイランドの方に三キロ程度伸びた長い砂嘴になっているのです。空は曇っていて怪しい空模様だったので、すぐさまテントを張ったのですが、一時間もしないうちに北方からの猛烈な風に襲われ、テントは引き裂かれてしまいました。上陸がほんの少しでも遅れていたら、船は風に押しもどされるか、水浸しになっていたことでしょう。しかし実際は、狭いサンディー・バーと私たちの北方の広い湾が避難所になったのです。はじめて接岸したとき異常なほどひどい蚊に悩まされたのに、北風が襲ってきたとたんに、唯の一匹の蚊も飛んで来なくなりました。

朝、私たちの船とともにレッド・リヴァーを離れた二隻の船が、日中は旅は道連れといった雰囲気でしたが、夕刻には私たちを追い越していき、夜になると停泊のために大きな港に入っていきました。サスカチュワン行きの商船でした。

私たちのそばにインディアンの小屋が建っていて、狼そっくりの犬が本職の税関管理人ではないかといった感じで見張っていました。土曜日の朝も不順な天候で始まりました。ウィニペグ湖で獲れた魚が朝食でしたが、一行十人を賄(まかな)うには相当の量の魚が必要になります。(これは獲れた魚で男たちの胃袋が満たされたか、網で獲れたばかりの魚が新鮮であったかのどちらかをよく物語っています)。朝食のあと旅を再開しました。このようなことが可能になったのは、北風が真向かいから強く吹いてきたのに、船を曳航したり、風にあわせて針路変更ができる見事な湾に避難できたからです。

　ここが私たちの入植地になるのでしたら、一行のなかでいちばん若い者の名前に因んでブリシャウ・ハーバーと命名することを提案します。長さ八キロ、幅約五～六キロ、四方がよく防備され、入港・出港の際いい水路も備わっています。この国に入植するようになったらここは注目に値する場所となるでしょう。

　港を横切って航行しているとき、藺草(いぐさ)の生えた土手と土手の間には、風よけとして機能するシェルターがあることがわかりました。

　このシェルターから河口までオールで漕いでゆかれることもわかりました。ここを第一入植地として調査することを提案します。河口付近は十分な横幅があり、数キロ上手まで水深二メートル強、その間の川幅は四百メートルです。

　小規模ながら、ここにも藺草畑やレッド・リヴァーの河口で見た野原が一面に広がっています。私たちはフォート・ギャリーを発つ前にこの場所を手に入れたいと思っていま

した。そこへ接近していった時のあのいても立っても居られない気持ちをわかってくれる人はほとんどいないでしょう。牧草の生えた広大な湿地を通りすぎるとポプラの木が生えた高台となっていました。河口からはだいたい六.五キロの地点にあたります。どんどん進んでいくと土地もだんだんと高くなり、しまいには土手の標高が六メートル

一九三五年、ウィニペグ湖上の嵐、ギムリ・ハーバーを襲う

ほどになりました。川を十三キロほど北上したところは幅が二分の一、つまり四十メートルになるほど狭くなっていて、浅瀬でもあるので、魚とりの目的でインディアンが川に堰を急拵していました。

もうこれ以上は進めないことがわかったので、そこにキャンプを張ったのですが、一行の数人に情報を集めるために出かけてもらいました。ガイドがこのあたりの事情に不案内で、しかも早瀬はかなりの距離にわたって続いていましたので、探査は月曜日まで一休みすることにしまし

た。先のことはともあれ、ここまでやってきて言えることは、この地は私たちが希望していたとおりだったということです。当地ではじめて経験するサバス（the Sabbath=the Sabbath Day［安息日］：キリスト教徒がキリストの復活を記念して、仕事を休み、礼拝にあてる日曜日―訳者注）のお祈りは心をこめた厳粛なものとなりました。しめくくりとして賛美歌「ベテルの神よ」が歌われると、マンクマンは胸のうちをつつみ隠すことなく吐露して、「このようにして始まった入植はこの地に必ずや恵となるはずだ。周辺数キロ以内に住んでいるインディアンも、宗教礼拝が予定されていることを知っておれば、今日快く参加したであろうに」と述べたのでした。

　このはるか遠い北西部での厳粛な礼拝を大切に記憶して、私たちの誰ひとりも忘れることがありませんように。神がここにアイスランド人のコロニー（植民地）を造り給うならば、アイスランド人は誠実にして献身的な心を失うことなく生ける神に仕えられますように。家庭や最愛の人たちは、神の恩寵の御座の前で忘れられるようなことはありませんでした。今日私たちに代わって、優しい心情をもったオンタリオ州の愛する兄弟同胞たちから熱烈な嘆願書が一杯出されていることも承知していますが、これは私たちのこれまでの仕事にたいする感謝の気持ちからなのです。

　私たちは前もって一行を二グループに分けていましたが、探査の仕事はこの二グループが精力的に続けていくことになりました。浅瀬を歩いて渡っていた第一グループの仕事は早瀬のなかを六キロあまり漕ぎボートを引っ張ることでしたが、いつしか川はボートを漕いでいける深さとな

り、キャンプ地から十三〜十六キロのあたりでは進むごとに土地が尻あがりに良くなってくるので、みんな喜びました。牧草の繁茂する広々とした沼沢地がもっと頻繁に見られるようになり、土壌は川の両岸で調査した限りでは最高に肥えています。また、いろんな立木が混ざりあい、唐檜(とうひ)(マツ科の常緑針葉高木)やポプラの木をもっと多く目に

一九〇七年、ギムリからノルウェー・ハウスへ移動する一連の犬

するようになりました。第二のグループも第一グループ同様に当然得るものがありました。私たちの最初の入植地としてすてきな場所も偶然に発見しました。そして、そこへは喫水二メートルばかりの船でいとも簡単に接近できるのです。その夜、両グループが合流してキャンプを張った場所は、風になびく草原がどこまでもはてしなく広がり、乾草つくりにはぴったりの所でした。豊作が期待できる土地、そしてこんなに肥えたみごとな土地が延々と続いているのを目の前にして、途方に暮れてしまいました。携帯していた銃を使ってやっと調達したあひると魚は、大変なご馳走

となりました。

　つぎのグループが川から出て森をぬけ、もっとくわしく調べあげた結果、アイスランド人入植地が成功する十分な見込みがあるところはここをおいてほかにないことがわかって、私たちはみんなすっかり満足しました。

　帰路、この近辺に住むつもりでノルウェー・ハウスからやってきたばかりのインディアン一行とばったり出会いました。彼らは総督と協議するまではその場所は不安だと思っているみたいでした。私たちは砂浜で最後の湖畔キャンプを張りました。南西から襲ってきた嵐のため荒れ模様となり、上空を飛び交っていたバッタが落ちてきて、その数があまりに多くて岸辺は黒くなってしまいました。南方から飛んできたバッタが強風にあおられて阻止されたみたいで、地面や湖に真一文字に直下したのです。私たちは急に激しい雷雨に見舞われ、また雨が滝のようにふってきました。私たちは小船の下にローラーを敷いて、その舟に波のしぶきがふりかからぬところまで引っぱっていきました。波はテントの入り口まぎわまで打ち寄せていたのです。

　翌朝、急に北風が吹き出しました。私たちは南方の土地調査のため、午前六時に出発しました。しかし、たちまち風の勢いが増して湖面には大波が立ち、上陸は差し控えたほうが無難、ということになりました。六時間で八十キロ航していたことになりますが、延々とつづく泡と白波をあびながら荒海をぬけて、再度レッド・リヴァーの河口に入っていきました。ありがたいことにこの川は水面は穏やかでいい休憩所になります。強風にあおられ、南に流された私たちはストーン・フォートに、翌日は再びここ（フォート・

ギャリー）に着きました。確か前例がない、予想外の、わずか十日間で当初の旅の目的を果したことになります。

　私たちがこの湖畔を選んだ理由は簡単にいうと次の通りです。
1．今までバッタが見うけられず、今後もやって来そうにもない
2．アクセスが簡単で便利—ケベックからの要所で鉄道や蒸気船の利用可能
3．大漁が見込めるすばらしい漁場
4．広大な牧草湿地がその全域の到るところに散在
5．とびきり上質な土地。灰色の粘土層の上に載る真っ黒な土壌
6．建築・柵・燃料としてだけでなく商業的価値のある豊富な木材
7．十分に防御用となる広い港
8．フォート・ギャリーとレッド・リヴァー、アシニボイン川および南北のいくつかの川とを繋ぐ交通の便のよさ

　カナダ太平洋鉄道が私たちの保護区の西方を走っていて、そのため好都合な点が多々あると期待するのですが、都合が好いという理由だけでこの保護区を選んだわけではありません。

　アイスランド人は正規の未熟な土木従業員ではないのですが、経験を積んで鉄道工事にたいへんよく慣れてきているので、線路拡張の工事請負人も私たちの入植予定地に大いに関心を持たざるを得ないほどです。アイスランド人は

これまでの仕事先でずいぶん評判がいいのです。無愛想だが、もの静かで秩序正しく穏やかなアイスランド人労働者に線路工事関係のことで問い合わせたら、立派に受け応えてくれるでしょう。アイスランド人はこの地の移住者として土地開発に加わることになるでしょうが、他国の移住者とくらべてもずっと信頼がおけるばずです。

ジョン・テイラー

一九三八年七月　ニュー・アイスランド移住者記念碑（ギムリ）

ニュー・アイスランド憲法

第一章　ニュー・アイスランドの分筆

　ニュー・アイスランドのアイスランド人入植地はヴァスシング（Vatnsþing）［vatns　水、湖(vatn)の所有格］、つまりレイク・ディストリクト（Lake District 湖畔地域）という名称でよばれる。（「シング þing」はここではディストリクトやカントリの下位行政区分の意味で使用されている［著者注］）ヴァスシングは次の４ディストリクト（地区）に区画分割が行われる。

1. ウィロウ・ポイント地区：＊東レインジ三及び四、タウンシップ十八及び十九を包含する
2. アウルトネス（Árnes）地区：東レインジ三及び四、タウンシップ二十及び二十一を包含する
3. アイスランド・リヴァー入植地：東レインジ三及び四、タウンシップ二十二及び二十三を包含する
4. ビッグ・アイランド地区：ビッグ・アイランド全体（現ヘクラ島全体［訳者注］）を包含する

　＊レインジ（Range）は政府から供与された土地をいう。郡（county カウンティ）の下位区分にタウンシップ（township 郡区）があり、これを十六分割したものがレインジで、二百エーカー（１エーカーは 4.047 平方メートル）の土地を三十二含む。（訳者注）

　プレイリー州（マニトバ、サスカチェワン、アルバータの三州）では、タウンシップはおよそ九十三平方キロメートルの区域をいい、これが三十六セクションに細分される（訳者注）

第二章　地区委員会及び審判人の選挙

　一月七日、または七日が日曜日にあたる場合は八日に開催される年次総会で、各地区の住民は地区委員会という名称の委員会に五名、審判人二名と副審判委員一名を選出すること。最大多数の得票を獲得した委員が正当に選出されたとみなされるが、第三章にしたがって、投票上の特権をもつ地区住民の半数以上の出席が前提となる。総会で選出されてそれを拒否する場合は、その代わりに他の者を選出してもよいが、選出後に委員が死亡するような場合、次点の者がその代わりをする。五人目の委員の選出の結果が同点の場合、決戦投票を行わなければならない。審判人の選挙も地区委員の選挙に規定されたものと同じ規則が適用される。

第三章　投票権と任官資格

　年齢十八歳に達した男性で、地区内に居住して、財産を所有し、世帯主であり、定職を持ち、評判卑しからざるものは地区委員および審判人を選出する権利を有す。投票権を有するものは何人(なんぴと)も、地区委員選挙に立候補する資格を有するが、コミュニティに奉仕する聖職者と終身雇用の公立学校教員は除外する。しかしながら、二十一歳に満たないものは何人も被選挙権なし。

第四章　一般大衆の責任

　(第一項)　集会への出席。各地区の居住者は三月十五日から四月十四日までの、議長が定める場所と時間に開催される総会に出席し、地区の福利に関する案件を議論する。

(第二項) 道路作業と道路税。年齢二十一歳に達した男性は、毎年、一日十時間の公共道路建設の仕事に二日間従事するか、もしくは、居住地区に必要な道路建設資金とし

屋根が草葺の丸太造りの初期の自作農場

て二ドルを納める義務がある。永住しない者は、作業進行中の時点で居住している地区に労働か金銭によって貢献する。道路建設は地区委員会が決定した場所と時間にしたがって遂行する。

　(第三項)　死亡・誕生・結婚の届出。各世帯主は、家族の死亡・誕生の報告を事が生じたときから一週間以内に地区議長に行う義務がある。さらに、結婚の契約を結んだ者も同じ期間内に地区議長に報告の義務がある。

　(第四項) 統計的調査及び人口調査報告書。各地区の居住者及び世帯主は毎年十二月末までに、家族構成人数や家計の実体の詳細な報告書を議長に提供する義務を負う。これらの報告書はその目的に応じて作成された書式に記入する。

(第五項)寡婦と孤児の支援。各地域の居住者は、各地区の居住者の大多数が採用している規則にしたがって、寡婦と孤児を支援する。特別な理由で自活できない者の援助もしなければならない。

(第六項)礼拝堂建設。各地区の居住者は、大多数が最も好ましいとみなす場所に、望ましい様式の礼拝堂を用意しなければならない。

(第七項)必需品全般への税金。各地区の居住者で参政権を有する者は、居住する地区の金庫に年一回二十五セントを納め、またこの金銭は議長の決定通りに徴収する。この税は毎年九月の終わりまでに収めなければならない。

一九〇五年、アイスランド人女性開拓者の糸紡ぎ

第五章　議長、出納方及び書記の選出

各地区の委員会はその構成メンバーから司会者を選出

し、議長または副議長とする。議長が職務遂行を妨げられた場合は、副議長がその職務を果たす。また、各委員会はその構成員から出納方と書記を選出する。

第六章　地区委員会の責務

（第一項）道路の整備。地区委員会は、それぞれの地区において道路の建設と整備に当る。

（第二項）管財人と後見人の任命。寡婦には適格な管財人が、孤児には信頼のおける後見人が確実に世話できるように、委員会は責任を持つ。管財人は議長に年次報告をし、議長の管理下におかれた資金一切の説明をしなければならない。

（第三項）貧者の世話。委員会は第四章第五項の条項に応じて、貧者の世話に心がけねばならない。

（第四項）礼拝堂建設の責務。委員会は第四章第六項の条項に応じて、それぞれの地区の居住者による教会堂建設を促進する。

（第五項）植民地議会の司会者選出。各地区の委員会の構成員は、入植地議会の議長と副議長を選出する目的で召集される会議に出席する。この会議は地区委員選挙後七日目に、ランダル（Lundar）とギムリ（Gimli）で開催されるが、ランダルのあと一年を経てギムリで開催されねばならない。

（第六項）健康に関する規則。委員会はそれぞれの地区の衛生状態に携わり、伝染病が発生するような場合にはその伝播防止の特別な手段を講ずる。

（第七項）親睦及び断固たる行動の奨励。各地区の構成

委員は、地区の居住者があらゆる種類の組合や団体を組織し、それによって地区の安寧と繁栄が促進されるように鼓舞・奨励しなければならない。

第七章　議長、出納方及び書記の務め

A．議長の務め

（第一項）会議召集。議長は地区の居住者を第二章及び第四章第一項に指定の地区の会議に召集し、会議を主宰する。さらに議長は委員がその必要を認めたときには臨時総会に住民を召集する。

（第二項）会議。議長は必要なときには委員会の構成員を会議に召集し、会議を主宰する。

（第三項）議事録。　議長は書記が確実に「巻一」と称する書に会議一切の議事を記録することとする。

（第四項）人口調査と統計の記録。議長は毎年、「巻二」と称する書に人口調査と統計の数字一切を記録する。

（第五項）道路保全の記録。議長は毎年、「巻三」と称する書に道路建設と改善についての報告一切を記録する。

（第六項）死亡、誕生、結婚の記録。議長は「巻四」と称する書に各地区の死亡、誕生、結婚一切の記録を書き入れる。

（第七項）財産等の目録の記録。議長は「巻五」と称する書に財産の目録、査定、競売、譲渡、所有権の記録を書き入れる。

（第八項）植民地議会への出席。議長は植民地議会の会議に出席し、各地区の居住者に会議で決定した事項を熟知

させる。

（第九項）公式記録の閲覧と報告書の提出。議長は植民地議会の年次会議で閲覧できるように公式記録一切を携えていき、また毎年一月七日までに、この章の第四、五、六項に言及された報告書一切を入植地議会の委員長に提出する。

B．出納方の務め

（第一項）地区行政と道路査定。出納方は地区の道路保全用財源及び資金に必要な額の支払い及び返済を受け、さらに議長と相談した後その資金の中から支払う。

（第二項）収入と支出の記録。出納方は定期的に収入と支出について帳簿をつけ、年度末に地区委員会の検査を受ける。

C．書記の務め

（第一項）会議の議事録の記録。書記は委員会や公開の集会で明るみにでたこと一切を記録する。

（第二項）有権者リストと選挙結果の編纂。書記は有権者リストを準備し、誤りがないように確認する。さらに地区の選挙関連の投票用紙を受け取って数え、また提出案は居住民の承認を得るために住民投票を行う。

第八章 財産の譲渡とその収益

両親の片方を亡くした未成年者またはニュー・アイスランドに居住していない者が所有権を主張した不動産は、目録に記録し、査定し、必要な場合には地区の議長が公売に

よって売却し、できるかぎり迅速に、遅くとも一年以内に処分する。議長が財産の記録と査定を行う際、委員会の委員二人が同席しなければならない。財産の記録と査定には三％、公売とその収益の徴収には四％、財産贈与には三％の手数料が課される。これらはすべて五百ドル以下の値打ちの財産に適用され、五百ドルから千ドルの値打ちの財産の記録と査定には二％、競売と利益の徴収には三％、財産贈与と分割には二％の手数料が課される。値打ちが千ドルを越す財産の場合の記録と査定には一.五％、競売と徴収には二％、財産贈与には一.五％の手数料が課される。議長が行う他の競売一切にも同比率の手数料が課される。

第九章　審判人と仲裁人の権限の範囲

　審判人の務めは私的トラブルの解決に努力することにある。審判人は係争者のいずれか一方の要求で、指定日に特定の場所に出頭するように当事者を召喚できるが、文書による告知が正当な召喚状となる。解決に至らない場合も、原告は調停の労に対して各審判人に合計一ドルを支払うものとする。論争に決着がつけば、係争している当事者は合意後に同額を支払わねばならない。支払いは和解成立後となる。審判人は解決事項及び解決に到る経緯を記録する責任がある。仮に合意に達しないときや、合法的な出頭命令の公布後、係争者はどちらか一方が相手に会う意思がない場合、どちらか一方の希望で、利害関係のない者五名の仲裁に一件の仲裁を委ねなければならない。その場合、双方ともこの仲裁人に費用を弁済しなければならない。争っている当事者はそれぞれ仲裁人二名を指名することとする。

五番目の仲裁人をどちらかが気に入らない場合は、植民地議会の司会者か副司会者が仲裁人にならねばならない。係争の結果は過半数によって決する。仲裁者は訴訟行為を記録し、保管する必要がある。

第十章　地区委員会による附則の制定

各地区委員会はその地区に影響を与える諸事項、たとえば、困窮者の保護、盗品売買、個人の責任、所有権に問題のある家畜一切の譲渡処分などに関する規則を追加することを提案しなければならない。ただし、このような法律がこの憲法の条項と矛盾する場合は別とする。このような提案は公共の集会で、その地区の選挙権有資格者に上程し承認を得るものとする。選挙権有資格者の大多数がその提案に賛成すれば法律としての権限を持つ。

第十一章　植民地議会とその司会者

（第一項）議会の構成。湖畔の入植地は植民地議会と称される五名から成る委員会によって治められる。この議会は入植地の四地区の議長たちと第六章第五項の条項にしたがって選出された、通称植民地議会の司会者一名から成るものとする。

（第二項）植民地議会の司会者の選挙。地区委員会の構成員の選挙有資格者は誰でも、植民地の司会者および副司会者に選ばれる資格を有する（第三章参照）。植民地議会の司会者に正当に選ばれる者は入植地の地区委員会全構成員の過半数を得るものとする。過半数を得る者がいないことが明らかな場合には、絶対多数を得た者二人の間で決す

る。このうちいずれも過半数に達しなければ、後継者選出のための次期会合まで現職の司会者がその地位に留まる。同規則が副司会者にも適用される。正副の司会者のうちいずれかが会合で選任され、それを拒否した場合、再度選挙を行うものとする。議長の一人が植民地議会の司会者に選ばれた場合、議長の職を辞任したのち植民地を治める責任ある職に就くものとする。

第十二章　植民地議会の会合

入植地議会は毎年三月十日に、また当日が日曜日に当たれば十一日に総会を開催する。植民地議会の会合は、選挙の会合がランダルで開かれた年はギムリで、選挙の会合がギムリで開かれた年はランダルで開催するものとする。さらに、植民地議会の司会者は、必要とあらば自らが決定した時と場所で、植民地臨時会を召集する。

第十三章　植民地議会の管轄権

（第一項）植民地全体にとって重要な事項の管轄権及び補則の立法化。入植地議会は、たとえば、植民地拡張の準備、生え抜きのカナダ人定住に対する許可、有益な企画立案の契約、といった将来の発展に何らかの点で関係する、植民地全般に係る事項を管轄する権利を持つ。入植地議会はそのような案件に関して補足となる法律を提案し、議長はその提案事項をそれぞれの地区の公開の会議で票決するものとする。植民地の選挙権のある大多数の者が承認した提案事項は法律として効力を持つことになる。

（第二項）各地区の幹線道路を含む道路の補修責任。河川、

クリーク、湿地に架けるのに必要な橋の建設はいうまでもなく、植民地を北から南に走る幹線道路と各地区内を東から西に走るすべての道路の建設と補修の責任を負う。

(第三項) 記録文書の閲覧。全議長の議事録を検分し、植民地議会の司会者の会計簿を検査し、正確さを保証する。

(第四項) 地区間の争い事の解決。地区間に争い事が発生する場合は、解決の必要があるが、第九章で説明した個人間のもめ事に適用できる条項にそって係争の諸問題を和解させてもよい。

第十四章　植民地議会の司会者の管轄権

(第一項) 会議招集。植民地議会の司会者は会議すべてを招集し、司会すること。第三章参照。

(第二項) 議事録。司会者は帳面に議事一切を記録し、「巻一」として明示すること。

(第三項) 各地区の報告の概要と発行。司会者は植民地の各地区の一切の報告の抜粋を帳面に記入して、「巻二」とし、その大要を毎年発行すること。

(第四項) 道路状況の説明報告の記録。司会者は「巻三」と明示された帳面に、植民地議会が管轄する道路の補修についての報告と説明を記録し、それを植民地議会の総会に提出すること。

(第五項) 自治領政府との交渉。司会者は公表の必要がある入植地に関する問題を自治領政府に伝え、入植地に影響を与える一切の規定について議長に知らせること。

(第六項) 諸問題を議長に連絡すること。司会者は植民地議会の議決に先立つて、地区委員会の会合や総会で議論

を必要とする諸問題について議長に関心をもたせること。

（第七項）調停委員会への参加。司会者は第九章の条項に従って調停委員会へ参加すべし。そのような活動に参加する度に植民地議会の司会者は五ドルの報酬を受ける資格を有する。

（第八項）植民地の状態の概要。植民地議会の司会者を新たに選出するために開催される会合で、司会者は前年の役割で入植地全体がどのような影響を受けたかについての詳細な報告書を提出する。司会者は入植地の経済を考慮に入れ、将来計画を明確にし、総じて入植地に関係することで司会者が行わなければならないと考えることやその遂行に最善だと思われる方法を勧告する。

第十五章　信頼すべき選挙と投票

これらの法律で指定された官職の任期は一期一年であるが、再選は許可される。これらの法律のもとに開催される会合で実施されるすべての選挙と決定事項は、得票の過半数によって決定する。

第十六章　文房具代と書籍の支払い

必要な印刷代一切を含めて、文房具や植民地議会の司会者、議長、会計係、幹事が保管する必要がある書籍の代金は、偽りのない送り状が提示されたら直ちに、地区の金庫から支払われる。

第十七章　法律の発効

これらの法律は印刷して発行された時に効力を発揮

する。

第十八章　法律の修正案

これらの法律は植民地議会の総会で採択された動議に基づいて修正され、のちに植民地の各地区で同日に開催されるべき会合で有権者の過数決で批准できる。

（一八七八年一月十一日ギムリとサンディー・バーで批准）

総督令　第九八七号（一八七五年十月八日）
アイスランド保護区創設

　一八七五年九月五日付け農務大臣書簡とアイスランド代理人 W. ジョン・テイラー氏の請願書を熟慮すべく、同年九月二十八日付け内務大臣閣下より提出され、南はレッド・リヴァー河口から北はグラインドストーン・ポイント地点までのウィニペグ湖西岸、同西岸から数キロ以内のビッグ・ブラック・アイランド島を含むすべての島々、および東はウィニペグ湖から西はプリンシパル・メリディアン（Principal Meridian）のレインジ・ツゥ・イーストに至るまでの地域がアイスランド人保護区となるように嘆願する覚書。

　内務大臣の発言によれば、第四レインジ・イーストのタウンシップ No. 十七の土地には自作農場希望の申込みがいくつかあり、また第七ベイス・ラインとビッグ・グラインドストーン・ポイントの間には石灰と砂岩の貴重な石切り場があるので、アイスランド人の居留地はさしあたって、南はマニトバ州の北方の州境、北は第七ベイス・ライン、東はウィニペグ湖、西はプリンシパル・メリディアンの第二レインジ・イーストの東側の境界及び第三・四レインジ・イーストの第十八 - 第二十四のタウンシップ、ビッグ・ブラック・アイランド、さらにこの島とこの覚書に付随する地図に明示されたウィニペグ湖沿岸の間にある小さな島々も含まれると内務大臣は勧告する。

> 委員会は閣下の承認を得るべく提出
> A. マッケンジーと Wm.G. ヘイリ
> 一八七五年七月十日承認

総督令　第二三〇六号（一八九七年十月九日）
　第九八七号総督令の廃止

　一八七五年十月八日の総督令により、添付した計画書にピンク色で明示された地域、プリンシパル・メリディアンの東の第三・第四レインジを含むタウンシップ十八から二十四まで、ブラックアイランド、ブラックアイランドとウィニペグ湖西岸の間にある小さな島々は、アイスランド人の居留地として残してあると明言された内務大臣提出の一八九七年七月に十二日付けの報告書。さらに続けて、大臣の言明によれば、一八八五年五月二十九日の総督令により、居留地内の偶数字の区画を登記後にアイスランド人が専有できる特権は、一八八五年六月一日から二か年間奇数字の地区まで延長され、引き続き一八九七年一月七日付けの最後の総督令ではこの特権が一八九八年十二月三十一日まで延期された。

　大臣は当地の居留地創設の目的は今や十分に叶えられたとの見解を示し、一八七五年十月八日付け総督令とそれ以降の関係する総督令は廃止し、政府が譲渡できる当該土地の残りの偶数および奇数地は、居留地の近辺に定住を望む入植者が身分を問わず誰でも自由に

競売にかけられ、自作農場として申し込みができるように勧告する。

　委員会は閣下の承認を得るべく上記推薦書を提出

　　　　　　　　　　B.I. カートライト

　　　　　　　　　一八九七年七月三十日承認

総督令

総督令は、総督が連邦内閣（議会）に諮問して発し、法的効力をもつ、または州の副知事が州議会に諮問して発し、法的効力をもつ。ここの総督令第987号及び次の第2306号はアイスランド人保護区、つまりニュー・アイスランドの土地確定に関する布告―（訳者注）

レシピ①

クレイヌル（Kleinur）

クレイヌルは普通のドーナツ

製法：砂糖一カップ、卵三個、溶かしたバター大さじ二杯、低カロリークリーム一カップ、これらを混ぜる。別の料理用ボールで、小麦粉四カップ半、ベイキング・パウダー（ふくらし粉）小さじ二杯、塩ひとつまみを混ぜる。材料が乾いたら、それにくぼみをつけ、湿り（水分）を添える。小麦粉を振りかけてある板の上で生地を薄く延ばす。よく焼く。生地を長方形か横七～八センチ縦六センチぐらいのダイヤモンド形に切り、細長い切れ目を入れ、一方の端をその切れ目に入れて団子にし、それを焼くのが典型的なアイスランド・ドーナツ。

ダフェリン卿の訪問

『フラムファーリ（Framfari）』一巻三号（一八七七年十一月十七日）採録のハルドウル・ブリームの寄稿記事翻案

> カナダ総督：カナダは旧英帝国の一部で、その後独立したオーストラリア、ニュージランド、インドなどと同様、イギリス連邦（Commonwealth of Nations）に属しているが、国王がカナダ国外に居るため、イギリス国王の名代として、事実上のカナダ国元首である総督が任命される。現在のカナダ総督はカナダにおけるエリザベス女王二世の代理となる―（訳者注）
> ダフェリン卿：ダフェリン・アンド・エヴァ公爵。フレデリック・テンプル・ハミルトン・テンプル・ブラックウッド（一八二六－一九〇二）は、スコットランド系でイタリア生まれの英国の政治家・外交官。一八七二－一八七八にかけて第三代カナダ総督を務める（当時の英国はヴィクトリア女王の時代）。在任中の一八七三年、プリンス・エドワード・アイランドがカナダ連邦に加入。一八八四－一八八八年には英国領インド帝国の副王兼総督を務める。またロシア、オスマン帝国、フランス、イタリアなどの大使の経験もある―（訳者注）

いわゆる市の開かれる広場はたった一日で刈取りができる干し草畑ほどの長方形の土地に相当するが、ここを片づけてきれいにすることが訪問を受ける諸準備というわけで、樹幹、潅木、草は一掃された。

北側の方向だけでなく、柵沿いに高さ五メートルほどの唐檜（マツ科の高木）の若木が何列も植えられた。柵に囲まれた地の西側は曲がっていたが、ウィニペグ湖に面したところは一直線になっていた。幅約五.五メートルのその

囲い地の西側中央に演壇が組み立てられた。演壇の正前には樅(もみ)の木を配して、アーチ門が作られた。岸に上がることができるように湖には一続きの階段のついた浮き桟橋が浮いていた。

　十四日の朝、再度大小の多くの旗で飾り立てられ、湾を目指して湖上を南方に向かって蒸気をあげながら進んでいく＜コルビル号＞の姿が見られた。ギムリに着くと、旗が一斉に高く揚げられた。その直後、閣下は上陸されたが、浮き桟橋でテイラー氏やこの時、通訳を務められたフリズヨウン・フリズリクスソン氏の歓迎を受けられた。総督とその随行員のリトルトン大佐、ハミルトン船長、スミス船長と速記者キャンベル氏、トロント＜グローブ誌＞の記者一名はこのコミュニティ内を歩き回り、家屋をことごとく訪問された。ダフェリン卿は三カ所の農場を視察し、フーセイのエッゲルト・グンレイクスソン（Eggert Gunnlaugsson）、マウナウ（Máná）のヨウン・アウルトナソン（Jón Árnason）、さらにパウトル・ヨウンスソン（Páll Jónsson）の農家三戸を訪問された。行く先々で経済事情や現状に労を惜しまずに質問され、当地の生活状況に満足しているかとか、将来の希望はどうかなどを尋ねられた。みな大いに満足していますと答えた。

　ダフェリン卿は一八五六年にアイスランドを旅して、『高緯度地からの手紙』を著わされたことがあったが、それを想い起されたことであった。アイスランド訪問の経験がある他の外国人に負けないほどアイスランド人をお褒めになって、それ以後ずっとアイスランド人を温かく見守ってくださっている。

午後四時に百人以上のアイスランド人がギムリに集まり、演壇の前で半円形をつくって待っていた。閣下はお着きになると、随行員とともに演壇に上られた。それよりフリズヨウン・フリズリクスソン氏がアイスランド語で挨拶をし、その英語訳を閣下に手渡された。閣下はその挨拶に次のように英語で応じられたが、それはアイスランド語に同時通訳された。

　『今回の慌(あわただ)しい訪問で、皆さまの生活状態を深く明察できたふりをすることなど私にはできませんが、私が観察したかぎりにおいて、皆さまは不自由なくお過ごしのように見うけられます。私は自作農場をいくつか訪れてみましたが、そこは広々として立派な建物があり、私の記憶にあるアイスランドのどの農家よりも間違いなくずっと上等です。また、庭やその周りにでき始めた小さな空地（森林の伐採による開拓地のこと－訳者注）を見れば、皆さん方は、とっくに、私たちが立っているこの肥沃な沖積土を開発して、無尽蔵の富を得ておられることがわかります。

　カナダの植民地開拓者がもっとも必要とするものとして、木材の伐採、土地の開墾、高速道路の建設の三つの熟練作業があげられます。しかし皆さんの誰も祖国で木、トウモロコシ畑、街道を見た人はいないのですから、こういった仕事を完遂する際の技の冴を見せることなど期待できません。でも練習と経験を積めばすぐさまこの三つの匠(たくみ)になれるでしょう。だって、皆さんは想像もつかないくらいの知性、教育、知的活動を身につけていて、これらは皆さんの卓越さを示す本質と根拠となっているのですから。その証拠に、家の壁に飾りがなくても家具が乏しくて

も、入植地のどんな小屋やあばら屋に入っても、そこには必ず二十〜三十冊の蔵書が置いてあります。ここには文字の読み書きがでない子供はほとんどいないという報告も受けています。皆さんは数百年間もヨーロッパ文明にふれることがなく隔絶されていたので、多くの点で少し時代遅れになっていて、世界の国々から取り残されているかもしれません。

また、仕方がないことですが、皆さんは嘗て祖国で太陽がでない冬を何か月も所在なく過ごさざるを得ませんでした。そのような環境で暮らした諸条件を考えると、新生活をおくる上で必要な、倦まず撓まず励むという習いに身を慣らすことはなかったのでしょう。しかしながら、こちらの気候の方が、太陽が出て、乾燥しており、爽快なので、あらたな活力が生まれて元気になり、また留まることなく豊かになっていくので、毎年毎年もっともっと頑張ろうとお励みになるのでしょう。

そして忘れてならないことは、私たちと交わることによって、皆さんと祖先を同じくする心優しい人たちとつながりができるということであります。さらにイギリス人となり、ビクトリア女王の臣民となっても、自分たちの由緒ある慣習や生き生きとした祖先の年譜も忘れないでおられます。それどころか、皆さんはこれまでと同じように、故国の文学によっていつも勇気づけられてきたのですから、それを大事にしていただきたいものです。また子供たちは引きつづき、いつの世になっても、古（いにしえ）の「サガ（Saga）」に親しんで、そこから勤勉、行動力、不屈の精神、忍耐、我慢強さ、辛抱強さこそは気高きアイスランド人の特質で

あるということを学んでもらえることでしょう。私はそれができると信じています』

その直後に植民地の重要な人物数名がダフェリン卿に紹介された。ダフェリン卿は彼らと握手を交わすと、互いに二言三言うちとけた話をし、それから半円形に立ち並んでいた会衆のところに行き、近くにいた人たち全員と挨拶の握手を交わした。生活はどうですか、ここは気に入ってますかなどと尋ねてまわると、みなここに来ることができて運がよかったと返事をした。全体的に見て、閣下はある程度の気づかい、礼儀正しさ、親切さを示されたが、これは上流階層の人たちの間ではなかなか見られるものではない。アイスランド人の一少女が晴れ着を身に着けていたが、女性の多くは手織りの普段着を身に着けていた。

ダフェリン卿は祭りの服が殊のほか気にいって、女性たちがその習慣をやめないように乞い願うと明言された。またダフリン卿はここに集まった一人ひとりと話して、アイスランド人がきわめて短期間にさまざまなことを成しとげたことをたいへん喜ばれ、住宅や生活状態も思っていたよりもはるかにいいと言及された。さらに居住地にも好印象を受けておられ、アイスランド人はこれまでここで逆境に遭遇したけれども、未来はまちがいなく明るいとはっきり述べられた。乗船のために、六時にアイスランド人と別れの挨拶を告げ、この地を離れられた。

コルビル号から一艘のボートが出されて、ダフェリン卿を船上までお届けする手筈になっていたが、ジェインとスザンのテイラー姉妹が自家所有の小舟でダフェリン卿を船まで送り届けたいと申し出たところ、卿は快くそれを了承

された。ダフェリン卿の訪問を受けたことは、我々の入植地がこれまで経験したことのない最大の祝福となった。太陽が出ていて、これ以上はないほどよく晴れた天候に恵まれ、湖面は波風が立たず穏やかで、鏡のように滑らかであった。ギムリは休日の装いで、きわめて魅力的な姿を呈していたので、一年前にかくなることを誰が予測したことであろうか。ダフェリン卿もギムリの容姿に陶然となられ、歓迎会場やウィロー・ポイントを鉛筆でスケッチなどなされた。

一九〇一年　ギムリ学校

天然痘に関する手紙
(一八八七年三月十三日)

医学博士オーガスタス・ボールドウィン

一八八二年　アーガイルのフリズフィンヌル・ジョンソン
(Friðfinnur Johnson) の自作農場

愛しのフィービーへ

約束は守ります。ウィニペグに戻ったらすぐ連絡するということでしたよね。この冬、私の身に起こったこと一切を手紙で伝えなければなりません。十一月二十六日、日曜日にこの地を発ちました。ギムリに着いたのは翌日の夕刻です。翌朝リンチ博士とともに病院を訪れたところ、患者であふれていました。もちろんみな天然痘の患者です。患

者の病状はさまざまで、死にかけている者も回復しかけている者もいるといった具合でした。翌日は数軒の家を訪ねてみたのですが、あんな光景を見た人は誰もいないでしょう。家という家の誰かがこの病気で斃(たお)れているのです──この入植地は七十二～七十三キロくらいの距離内にあります。住宅は最悪の部類にはいります。ほとんどの家に入っていくにも前屈(かが)みにならなければなりません──四つん這(ば)いにならなければ中に入れないほどドアの丈が低いところもあります──そしてあんなに不潔だとは。言葉ではとても表現できません──そして想像してみてください。こんなみすぼらしい家に泊まらざるを得ないのです。寝るときはいつも衣服を着けたままですから、虱(しらみ)にとりつかれることはありません。私は毛皮のコートを着ていました。どの家も一部屋です。一部屋に十八人か十九人も住んでいる家もあるようで、まるで同じ数だけ子豚がごたごた固まっているといった感じです。それから、部屋が少し広い家では牛を飼っているところもあるようです。就寝した部屋の向こうの端っこで牛を養っている家があり、そんなところで夜を明かしたことも数回あります。あまりいい臭(にお)いがしないことは想像してもらえるでしょう。牛の一頭が分娩(ぶんべん)中でモーモーと鳴くのです。フーッと呻(うめ)き、うなり声をあげているみたいでした。なかなか眠らせてくれません。

最初の旅はギムリから六十キロばかり北方にある、あの大きな島の一つでした。そこを訪れたときガイドが天然痘に罹(かか)ってしまいました。一緒に寝ないわけにはいかないので、彼には発疹が出ていましたけど、同じ毛布を使って四泊もしました。旅の終わりは交替のガイドがつきました。

再出発して湖面を横切り、ホワイト・マッド・リヴァーに出たのですが、日が暮れてしまいました―陸地に辿り着けないうちに嵐が襲ってきました。どちらに行けばいいのか、進路がわからなくなりました。私たちはウィニペグ湖に出ていたのです。避難場所などありません。気温は零下四十度くらいで体を温める手だてもなかったので、凍傷に罹って足や手がちぎれても仕方がないと観念しました。しかし、ついにガイドが陸地を見つけたのです。そこには柳の枯れ木が何本かあったので、火を熾しにとりかかったというわけです。馬にも毛布を一枚かけて、暖かくしてやらなければなりませんでした。もう一枚の毛布は私たちの背中の風除け遮断物として使ったので、私たちが纏うものはなくなりました。交替で火に焼べる薪割りをしました。焚き火に近づきすぎていて、たえず火の粉が降りかかってくるのです。ですから私たちが思いもかけない一夜を過ごしたことが想像できるはずです。夜通し、吹雪いていました。火の勢いがちょうどいいくらいになると、当然お茶をたてようと考えました。そこで薬罐に雪を詰め、火の上にのせました。そんなふうにしてお茶を沸かしたわけです。それから乾いたペミカン（野牛肉などを切干しにして砕き、果実や脂肪をつき混ぜて固めた携帯用保存食品－訳者注）を取りだして、仕事はじめです。なにしろ私たちが持参していたのはこれだけなのですから―それから朝食となるのですが、翌朝も同じでした。夕食だって同じです。しかし、ひどい旅を続けなければならなかった馬の方がもっともっと可哀相です。この動物に水一杯飲ませることさえできませんでした―氷で地面が固まっています。それに、私たちは寒すぎて湖上に出

ることはできませんでした。もしそうしたら指は凍傷を来(きた)したでしょう。

　四時頃晴れてきたので、この寒い場所を抜け出すときだと思いました。サンディ・バーに着き、その晩は測量技師たちと一緒にテントで夜を明かしました。翌日も嵐は収まりそうになく、日曜日まで出発できなかったのです。朝食を終えるとホワイト・マッド・リヴァーに向けて発ちました。夕方になるとまた持病に悩まされそうな気がしたのですが、案の定、翌朝床についていなければならなくなりました。そこに一週間缶詰めになりました。ギムリに向けて二度目の旅に発ったところ、猛烈な寒さでしたが、苦にはなりませんでした。戻ってきたのはクリスマスの二日前です。テントの中でクリスマスのご馳走を食べました。昨年のクリスマスとの大きな違いを思わないわけにはいきませんでした。なつかしい我が家で皆さんと楽しく過ごしましたよね。それから元日は、二回目のウィニペグ湖旅行に出かけ、そのときも往復旅行をしました。三回目の旅では、ひどい凍傷を負った人の足を三本も切断しなければなりませんでした。嵐のため湖上で迷子になってしまう気の毒な人もいるのです。実際、経験してみなければ湖上を吹き荒れる嵐がどのようなものか全く想像もつかないでしょう。ウィニペグ湖はとてつもなく大きいのです。

　三か月間ただ天然痘の治療をするだけで他には何もしなかったので、天然痘の患者に飽きるほど接したことはおわかりでしょう。数軒の家を訪れてみると七、八人くらいは病人で、余命二、三時間という人もなん人かいました。年老いた男女や若い男女にも会いました。さらに母親の胸に

抱かれた可哀相な幼児の姿を目にしたときは辛く、胸が痛む思いがしました。次にその家のまわりを見て回ると、家の外に幼児の亡き骸が置いてありました。収めて埋葬する粗末な箱でもあればいいのに、箱が間に合わなかったのです。二度目の旅行のときに、ビッグ・ブラック・アイランドのある家族のことを耳にしたので、会いに行きました。なんという光景だったことでしょう。母親は天然痘から回復したばかりでしたが、胸に抱かれた幼児は死にかかっているのに、その可愛相な幼児を包んでやるものすらないのです。あまりに小さな家で、立ったままではいられず、座っていなくてはなりませんでした。持参してきたのはお茶とペミカンだけでしたが、丸一日の旅を終えた後、インディアンのガイドと二人だけで夕食をとりました。実をいうと、彼らは小麦粉も全然なく、魚だけを食べていたのです。病人のために持参していた薬や栄養価の高いものは全部置いて帰りました。病人の目が輝いて、幼児の命を救うのに間に合ってよかったと思ったときのことは忘れられません。でも、翌日わずか生後九か月の幼児が亡くなり、それは悲しいことでした。次に、棺にする板が手に入るまで、このかわいそうな幼子を皆で屋根に上げて置かねばならず、私はとても辛かったです。気の毒なアイスランド人たちのことを考えると、干し草のベッドで眠ることになったとはいえ、私は王様みたいな旅をしていたわけです。丈夫な胃の持主は別でしょうが、アイスランド人でなければ、この冬、私が食べたようなものを誰も食べることはできなかったでしょう。ある家の女性からコーヒーはどうですかと訊かれたとき、寒かったので、いただきますと返事しました。病

気に罹（かか）っている哀れむべき坊やのために薬を調合しているあいだ――その女性がどんなことをしたか想像がつきますか――コーヒーカップが私にはあまりきれいでないと彼女が考えたことは間違いありません。そこで彼女はそのカップの内部をぐるりと舌で舐（な）め、汚れた真っ黒なタオル――もともと黒い布切れのはずがありません――を取りだして拭き、それから私に手渡してくれました。体を温めるために熱い飲物が欲しい者には結構な見物ですよ。これでもましなほうで、もっとひどいこともありました。そこを切り上げてウィニペグに戻ると、ここは天然痘に罹かった人がいなかったので、二週間ほど検疫のため隔離されてしまい、自分の時間を十分使いきれないうちに、ネトリ・クリークの病院を託されることになってしまいました。その時も私の住んだ家には部屋がただ二つしかありませんでした。私は一部屋を週六ドルで借りたのですが、家主とその息子との同居でした。もう一つの部屋には二ダースの鶏、一ダースの鵞鳥、一ダースの家鴨、数羽のホロホロチョウ、それに家主が手なずけた数羽の雁（がん）が飼われていました。あの喧（かまびす）しさといったら、誰も聞いたことがないでしょう。またその男が歌を歌うこともあるのです。そのようにして被害には遭わず、天然痘にも罹らず恙（つつが）無く切り抜けてきましたが、その間、医者が三人とも天然痘に罹ってしまいました。

　最愛のフィービー、私はそんなにひどい状態ではないと思います。よしなしごとを書いて大馬鹿だとあなたは言うかもしれません。でも一年間も、こんな生活を送らざるを得なかったのです。皆さん全員に、新年おめでとうとお祝いを言いたい。―― 父上様と母上様、兄弟姉妹の皆さんに、

さらに甥や姪の皆さんにも。そして皆の健康も祈ります。私はいたって元気です。私の顎鬚(あごひげ)は剃るべしという噂を誰かが流したときはなんとも愉快でしたね。町に天然痘を持ち込まないようにだって！皆の激しい声が聞こえてきただけでも面白かった。その後、皆さんに会いに戻ってきたとき、顎鬚がなくなっていないので、皆さんから祝詞を述べられました。私の顎鬚は州のいたるところに知れわたっていて、とても有名になっているというわけです。ウィニペグ方面にいたときよりももっと伸びているんですよ。厳しい冬だったのにとても元気そうだねと皆さんから言われます。ちょっと馳せ参じて皆さんに会えればいいのですけどね。町のほうでは変わったことは何もなく、私たちは相変わらず橇(そり)に乗っています。先月は実に素晴らしい天気に恵まれました。先日ジョージナ叔母さんに手紙で、フランク・ホイットラに何かしてあげてねと言われました。またフランクからも手紙をもらいました。初めてフランクに手紙を書いて出したので、私に対してどういう態度をとっていいのかまるっきりわからないのでしょうね。私の宛名を医学博士 A. ボールドウィン殿と書き、次にはボールドウィン様と上書きをしています。この次はそうしなくてもいいからと話しました。しかし、まったくの邪推に過ぎませんが、私のことを知るだけで、ずっと賢い男になれたはずです。私ともっと早くつきあっていれば、もっと好都合であったのに、それができなくてフランクが気の毒です。フランクには精一杯のことはしてあげられるからと伝えました。町には現在、ボールドウィンという名前のイギリス人がまだ二人います。この前、この二人の友人だという女性たちの

一人から手紙をもらいました。読んだあとポケットに入れたままだったのですが、ひと月経ったとき、ここには私以外にBの文字ではじまる名前の者がいることに気づいたのです。―気の毒にノーマンが重病だそうで残念でなりません。

あの辺鄙な場所にあんなに長く逗留して戻ってきてからのことです。ジム・マクラーレンさん夫妻に会いたいという思に駆られたのに会えず残念です。でもそのうち戻ってくるでしょう。さて、ここで筆を置いてお別れしなければなりません。皆さまによろしくお伝えください。息子の幸せを祈ってキスを。またマッシュクオッチの皆様にも、聖G.B.とアミーリアにもよろしくお伝えください。

情愛の深さでいつも変わることのない兄のオーガスタス・ボールドウィンより

ガル・ハーバーの蒸気船「テンペスト号」

アイスランド移民への助言

『フラムファーリ』(一八七八年一月四日 第一巻第七号)

ヨウハン・ブリーム (Jóhann Briem)

アイスランドではアメリカ移住への関心が高まり続けているという、おびただしい徴候があります。故国を離れる際の準備や多くの面をもつ旅の準備に関する助言や心得について、旅立ちの便宜を図った印刷物は発行されていないので、この際多くの人々に役立つと思われる事をいくつか簡潔に記しておきたいと思います。

アメリカ移住―この言葉はアイスランドならどこで使っても同じ響きがします。でも、意味するところは同じではありません。アメリカは広大です。

アイスランドから輸入したポニー、マニトバ州フラムネスで

雇用の機会を得ることと生計を立てることとは、アメリカでの移住先と移住後の生活設計をどうするかによって、だいぶ違ってきます。普通のアイスランド人なら土地を入手して農業を営もうとしているという事実に無関係の様々な職種を選択する必要はありません。すでに当地に根を下ろしている農家、鉄道・工場で働いて賃金を得たり、もしくはどこであれ当世最高額の賃金を払ってくれるところで稼いでいる人もいるにはいます。残念ながら今の時点では、まず農業を始めるのがいいのか、それとも賃金をもらって働くのがいいのか、どちらが望ましいのか私の経験からは頼みがいのある助言をしてさしあげることはできません。人それぞれの立場や能力によって大いに左右されるからです。とはいっても、やはり大いに勧めたいのは農業のほうです。日雇い労働よりも満足のいく結果が得られるのではないかと思われるからです。農場主は耕作中の土地があっても季節労働を探すことができますし、ほとんどの人がなにより先に土地を手に入れたがるものですから、なお一層勧めたいのです。だって、少しでも開墾された土地があれば、それは手堅い、しかももっとも有益な財産だと考えられ、貧乏な移民でも入手したいと願うものだからです。

　移住する者が農地を所有することができるか否かは別としても、移住の決心をする前に、見習うべき模範例や注意事項などに精通する必要はあります。旅立つ前に、多少なりとも覚悟を決めて、今後の人生航路の準備をしておかなければなりません。

　高賃金を求めて到るところを動きまわる人は、直ぐさま

落ち着いて農業に従事する人とくらべて、所有物が少ないのは当然なことでしょう。どこであれ、あちこち移動して歩くと、その費用は高額なものになるからです。

　これまでと同様に今後も、きわめて多くの移住者が農業に就業するものと予想されます。いろいろな意見があることは承知していますが、それでもアメリカのどこかで、とりわけ植民地としては条件が一番整っている当地に落ち着いて農業をしょうと思う人は私の指示に従ってもらいたいものです。

　ニュー・アイスランドはアイスランドとは様相の異なる土地であり、故国で行った農業経営はここではいかなる点においてもまったく期待できません。しかしアイスランドで頻繁に使用される種々の器具や道具をさまざまな方法で有効に活用することはできます。

　ここではそういった道具のいくつかは欠かせませんが、仮に故国で販売されているようなものであっても当地の値段と十分に釣り合うものであるかどうかははなはだ怪しいものです。アメリカへの移住者が持参することをお勧めしたいおもな器具と道具は次のとおりです。鍛冶屋の仕事と関係のある器具、習慣的に指物師の作業台で見かける鉄器具類のような大工道具のほとんど、留め金とかいったものを製造する道具のほとんど、横引きのこぎり、大のこぎり用の各種の刃、大工の手斧、ハンドドリル、やすり、やっとこ（ばさみ）、のみ、かんなの取りかえ刃、さらによく切れる予備用かんなも十分に持参することです。

　旋盤（ろくろ）用の刃先のほかに、機械（組立）修理工場用の木製品でない道具も持っていけば役立つでしょう。

鉄製の機織の部品や、木材では製造されていない種々の織物用機器もあると申し分がありません。同様に、たとえば毛糸の製造に使われる用具や紡ぎ車や麻・羊毛などの梳(す)き具もあったほうがよろしい。こういった用具や道具のなかにはこの国では手に入らないものが多いし、故国よりもずっと値段が高いのです。またこちらへ来る予定の人たちに十分な衣服、特に下着とソックスは自分で調達するよう強く勧めます。同時に自分たちだけでなく扶養家族のためにも必要以上の寝具も持参してください。おまけに靴用の皮や鍛冶屋のふいごなどは当然なことですが、衣服を繕うときの羊毛も相当量が必要です。それからバッグに入る余裕があれば持っていっても邪魔にならないもの、たとえば馬の毛をよじってつくった紐やロープのように、品物を束ねるものが挙げられます。その他に、売っても二束三文にしかならないが、持っていくのに嵩張(かさば)ることもなく重すぎることもない持ち物もいろいろあります。この点については移住者は状況や個人の好みに応じて決めればよろしい。手荷物に余裕があれば、所有している書物は全部持っていかれるようにお勧めしたい。意気を阻喪させるつもりで言っているのでは毛頭ありません。宗教的なものおよび通俗的なもの双方に関する、できるだけたくさんの書物を是非持参されるように奨励いたします。移住者が所持品を入れる荷造り用収納箱は良質の錠まえのついた頑丈なものにすべきであります。古くなった収納箱をより安全に保つには、四隅と底面を鉄で補強しておくのが好ましい。また、収納箱のそれぞれの端にロープか針がねをより合わせてつくった取手をつけることも必要です。収納箱には所有者を

はっきりさせるために名前を書き、摩滅や汚れで消えおちたりしないように注意しなけれなりません。

収納箱は大きすぎても小さすぎても不都合なものです。アイスランド製の「半収納箱」の大きさが最適で(これには凸状の蓋がつき、蓋の部分よりも底の方が細くなっている)、重量はせいぜい七十〜九十キロなので、二人で容易に運ぶことができます。掛けぶとん、羽根飾り、毛織物、皮製品といった柔らかいものの輸送には丈夫な袋を使うとよろしい。私有物の大きな輸送用収納箱のほかに、毎日移動中に必要な品物を入れておく小さな箱や手荷物用かばんも必要です。というのも船倉や鉄道特別車両のなかにある積荷を利用することなどは容易にできることではないからです。

氷を手に入れる(ギムリで)

移住者はアイスランドの食料も十分携えていくことを勧めます。その理由は経験からして、道中の食べものが体に

合わないことはわかっているからです。その他いろいろな変化という避けられないことがあることは言うまでもない。そういう食べ物に含めておくべきものとして特にハードフィッシュ(hardfish [アイスランド語では harðfiskur]：煮干し魚。ギムリに定住したアイスランド人には馴染みの魚。祖国のアイスランドでは食料源として加工処理された魚は鱈(たら)。この鱈に似ていて、ウィニペグ湖で捕れ、最初に加工処理された魚が、これまで見向きもされなかった通称 Mariah の burbot、つまりカワメンタイ。これがおいしいハードフィッシュのことで、燻製にすると鮭の味がして美味。保存後は鋼鉄のように硬くなる―訳者注)、バター、上等な羊肉、(味つけした肉のパテとでもいうべき) 獣脂キャバ、薫製の羊肉、ビスケットなどが挙げられる。加うるに、良質で純粋な酸っぱい乳漿 (チーズ製造のときに凝乳を除いたあとに残る水のような液体―訳者注)、氷砂糖、穀物で作るおいしいアクヴァヴィート (akvavit：じゃがいもや穀類を原料としてヒメウイキョウで香りをつけた北欧産の透明な蒸留酒―訳者注) も少し持っていくといいでしょう。こういった品目のうち特に後で挙げたものは船旅以外の時でも消費できるようにたくさん持っていく必要があります。とはいっても、食べ物のほうを少し多めに持って行くに越したことはないでしょう。

移住予定者たちは全員、予防接種を受けてから出発することを忠告します。これを怠るとたいへん危険な目にあうことは、特に痛烈な打撃を受けた人々のこれまでの経験からわかっています。かかる事態に心を配るべきこの国の役人たちが義務を怠ってきているのはまことに驚きです。子どもが祖国を離れる前に聖職者が生誕証明書を発行しているのに、子どもは予防接種を受けていなかったという事実

を無視している例もいくつか見られます。悲しいことにアルシング（Alþing：議会）は、移住に関する法律を通過させようとただ騒ぎ立てている一方で、予防接種を話題にすることをすっかりないがしろにしています。予防接種によって人間の健康と生命という最も大事なものが守られるというのに。移住者の予防接種は重要であるのに役人たちが総じてその気配りがないことを考慮すると、移住予定者が自ら責任をもって予防接種するのは当然なことです。

　さらにお勧めしたいことがあります。大気や食べ物が変わるため、西方に旅する人は船酔いや胃に変調をきたすので、そうならないように下剤（便秘薬）を飲んでから乗船し、船旅中も時々服用することです。

　昔アイスランドでもっぱら旧銀貨が流通していた頃に比べれば、金貨が導入された今では、所持金の交換はさほどむずかしいことではありません。したがって現状では、移住者は所持金の大部分を金に変えて持参するほうが楽です。しかし、持参しているのがデンマーク金であれ、銀であれ、イギリスの金貨かドルに対しては価値が下がることを覚悟しておいたほうがよろしい。言うまでもなく当地では、イギリスの金貨の価値はデンマークよりもずいぶん高く、英貨の一ポンドは当地では四ドル八十セントの値打ちがある。**クラウン貨幣**（英国の昔の五シリング銀貨で、一五五一〜一九四六に使用された―訳者注）**二十枚が五ドルになる。**デンマークのリークスドラル（Rijksdollar）はクラウン貨幣二枚に相当し、カナダで五十セントになるのは、**シリング**（一九七一年以前の英国の通貨単位－訳者注）**とエイラル**（aurar：アイスランドの通貨単位はクローナ[Króna]。aurar は eyrir [エイリー

― 104 ―

ル］の複数で、エイリールは百分の一クローナ―訳者注）は同じ比率である。たいていの人がアイスランドの財産を移す最も信頼できる方法はグラウヌフィェラーク（Gránufélag：隣人協会）の支配人か管理者と打ち合わせをして、自らの資金を協会に預けることだと私は思う。そうすれば、理事会はコペンハーゲンのどこかの銀行でその額に相当する信用状を買うことができる。この信用状をコペンハーゲンにあるモントリオール銀行で振り出せば、信用状の持ち主はそこに記された額をその銀行から支払ってもらえる。モントリオール銀行で書いた信用状はカナダのどこでも買い戻すことができるし、ウィニペグにもその銀行の支店がある。

シモン・シモンソンの思い出話

一九四六年冬『アイスランディック・カナディアン誌』

ウイリアム・クリストヤウンソン 訳

　真夜中ごろ、私たちは荷車から木立の中にほっぽり出されました。今まで経験したこともない暗闇のなかにです。向うべき先もなく、病弱の子供を抱えたままでした。みなぬかるみのなかで、そわそわひしめき合い、悲しげな気持ちでずっと待っていると、やっと同郷の者二人が明かりを持ってきてくれ、囲いもない屋根だけの建築中の小屋に案内してくれました。二、三人のアイスランド人がその小屋を建てているところでした。

　疲れて空腹な私たちはこんなみすぼらしい宿所にやってきました。　テーブルの上には食べ物が少しはありましたが、強い者だけが手に入れ、弱い者や病人はありつけませんでした。みな自分のことだけを考え、他人はどうでもよかったのです。私はどんなことがあっても野獣のような振る舞いはできませんでした。

　シグトリッギュル（ヨウナスソン）はみなが同じように経費を出し合う共同使用の食事を考えていたのですが、このやり方は功を奏しませんでした。糧食をくすねるものがいたのです。もう 20 年も経っていることなので、話したくもないですが、あのころは私の人生のつらい時期でした。掛け布団をいただくのも数日間待たなければなりませんで

した。たえず病気にかかっている子供たちには耐えがたいことでした。大人も仕事には不慣れで、みな言葉がわかりませんでした。

　私にとってもっとも辛かったのは、かわいいグヴューズリュン（Guðrún）がとても苦しんでいるのに、その苦しみを和らげてあげることができないことでした。どんな飲食物も吐いていました。ミルクなんかほとんど手に入らず、やっと手に入れた少しばかりのミルクもまずいものでした。グヴューズリュンが病気になってから九日ばかりたったころ、神がその慈悲深き手に彼女を抱いて連れていかれました。十月八日、土曜の夜十時に娘は亡くなりました。棺おけを作ったのはヨウン・イーヴァルソン（Jón Ívarson）でした。二十日にキンマウントの共同墓地に埋葬されました。墓を掘り、棺を運んだのはヨウンとヤコプ・エスポリン（Jakob Espolin）でした。グヴューズリュンはかわいい好感のもてる子で、年齢のわりにはずっと大人で、頭もいいように思われました。私は生きているかぎり、愛するわが娘の死を嘆き悲しむことでしょう。

アイスランド人のアメリカへの旅

『フラムファーリ』一巻五号　一八七七年十二月十日

　　　　　　　　　　ヨウハン・ブリーム

　アイスランド人がアイスランドから移住せずにはいられなかった理由をできるだけ簡潔に述べておきたいと思う。およそ千年前にノルウェーにいた祖先と同様に、政府によるいろいろな大失策、重税、不当な待遇に耐えられなかったということもろうが、アイスランドの酷寒な気候が海外移住の大きな原因であったとも考えられる。さらに、あまり深く考えずに、移住をすれば何事も解決すると思い込んでそうした者もいたであろう。

　当初はいろいろな理由があったであろうが、一九七一年以来およそ六年間内にほぼ二千人がアイスランドからアメリカに渡った。アメリカ以外に向かった者もいるが、それはごく少数。恐らくアイスランド北部出身の相当数の者が、第一陣として一八七三年の夏、馬を運ぶ輸送船＜クイーン号＞に乗って出港した。一八七四年の夏にも約二五〇名が汽船＜セイント・パトリック号＞で北部の港を出帆した。この船は乗客をアイスランドから直接アメリカに運んだ最初の船である。この二グループとも、これより先にアメリカに渡った人たちと同様に、到着するとすぐ至るところに散ってしまった。一八七三年にアイスランドを離れた者のほぼ半数はアメリカ合衆国のウィスコンシン州に、残りはカナダのオンタリオ州に赴いた。後者のグループは全員そ

こに定住した。

　一八七五年にアイスランドからアメリカへ移住した者は事実上、皆無。他方すでにアメリカに移住していたかなりの者が、この年、移動先を転々と変えた。オンタリオ州の移住者のうち約六〇名がアイスランド人の植民地を築く予定で、ノヴァ・スコーシア州へ移動した。しかし、マニトバ州では土地が取得できて土質もいいという理由で、そこに植民地を築くのが得策だという意見をもつ者が多数いた。後者の意見に賛成の者たちから二名が派遣されて、西部にある問題の土地を視察し、入植地として目的にかなう土地を選ぶことになった。土地の視察に派遣された二名は、マニトバ州に好都合な植民地が見つけられず、州境の真北にある（湖面積が北米で七番目、カナダで三番目に大きな）ウィニペグ湖沿いの土地を選び、そこを《ニュー・アイスランド》と名付けた。その地区は当時いわゆる《ノース・ウエスト準州》内にあったが、前年の冬、先に述べた準州内のかなりの地域が法律上この準州から分離されて、今では《キーウェイティン地区》と呼ばれている。したがってニュー・アイスランドは目下キーウェイティン地区にある。探索隊が仕事を終え、東部のオンタリオに戻ったその年の秋、約二五〇名がただちに入植地に定住すべく出発した。

　九月末日にオンタリオ州を発ち、一八七五年の夏の最後の日（つまり、アイスランドの往時の時間計算では十月半ば）に入植地に到着した。暮れも押し迫っていたので、田園地帯に移動して、自作農場に落ち着くことはできなかった。それゆえ、たいていのものが一緒に植民地の南側の一

角に住みついた。そこに仮住まいを建て、定住地を≪ギムリ（Gimli）≫と呼んだ。このグループがオンタリオを出発したのとほぼ同じころ、自治領政府は二名の職員をアイスランドに遣わして、移住を考えている者にはニュー・ア

一九一五年　ムンディ・ジョンソンとイヌのチーム

イスランドの土地を提供し、移住希望者には渡航権を与え、旅の面倒も見るということなった。これらの職員の名前はW.C.クリーガーとシグトリッギュル・ヨウナスソンとして広く知られており、前者は一八七五年の十月に、後者は十二月にアイスランドに到着した。一八七六年の冬、二人はアイスランドをくまなく旅した。狭量の役人や同工の輩の何人かがむしろ移住を妨げるような画策をし、なかにはきわめて残酷な企てもあったが、彼らの思惑はあまり功を奏さず、翌年、総勢約千二百名がアメリカに向けて移住することになった。

　この人たちは三グループに分かれてアイスランドを発っ

た。アイスランドの北部と西部の出身者七五二名から成る第一陣は汽船＜ヴェローナ号＞に乗り、七月二日アクレイリ（Akureyri）から出港し、同月６日にグラントンに着くと、そこから即刻グラスゴーに向かった。グラスゴーからはアラン・ラインの汽船＜オーストリアン号＞に乗って十一日に出港し、七月二十二日に恙なくケベックに到着。州政府は移住者がアイスランドにいるときもグラスゴーに来てからも、二、三家族しか受け入れる準備ができていないと通告していたのにもかかわらず、ほぼ半数がノヴァ・スコシア行きを決めていた。

その後、セント・ローレンス川を遡上するときにも、ノヴァ・スコシア政府の役人が乗船してきて、同じ理由から、そこに行けるのは数家族だけだと忠告した。その役人たちにボウルスタザルフリーズ（Bólstaðarhlíð）出身のオウラビュル・ブリニューフスソン（Ólafur Brynjúfsson）という一人のアイスランド人が同行していた。オウラビュルはノヴァ・スコシアでしばらく暮したことのある人物であって、ここは雇用もなく魚もとれないところであり、同朋の置かれている状況を申し訳ないといった心持ちで語り、そこで暮らしている十人のアイスランド人が署名して、移民たちがノヴァ・スコシアに来るのを何とか思いとどまるようにという内容の手紙を読んで聞かせた。この時点で、カナダ自治領政府（カナダ自治領の成立は一八六七年―訳者注）はノヴァ・スコシアの州政府に対して、定住の意思をもっている者の責任を軽減するように伝え、移動中もその後も、ニュー・アイスランド定住を決めていた者と同じ条件と特権を授けるように指示した。大多数の移住者がこの申し出

をてきぱきと受け入れ、わずか七名のみがノヴァ・スコシアに行くことになった。待機することになった残りの者はまとまりのいいグループで、一緒に七月二十三日に列車でケベックを発ち、二十四日にトロントに着いた。このグループは二十七日までそこに留まり、その後列車でコリングウッドやサーニアまで行き、二十八日に気船でそこを離れ、ヒューロン湖とスペリオル湖を横切り、北西への旅を続けた。 彼らは八月一日の夕刻、ダルースで合流し、三日に列車でそこを離れ、四日にフィシャーズ・ランディングに到着した。翌日二人は、そこから気船に乗ってレッド・リヴァーを北上する旅を始め、八月八日にウィニペグに着いた。この汽船には片側に一艘ずつ二艘の大船がぴったり張りついていた。

　数家族以外にかなり多くの独身の男女がウィニペグに残り、職を探した。植民地での定住を予定していた者たちは政府の計画にしたがって、十四日にウィニペグを離れた。みな私有物を大量に携えていて、小舟ではとても処理できなかったので、平底船という名の底が平たい大型船数艘に乗り換えることになった。レッド・リヴァーの貨物の輸送にはこの船を利用することが通例であった。船を動かすのに潮流を利用する以外に方法はなかったので、十七日まで河口に辿りつかず、そのうえ、ウィニペグ湖は向かい風だったため十九日および二十日までそこで待機せざるを得なかった。その後再度ここを離れ、入植地には同日到着した。

　総勢三三九名からなる第二のグループが同じ年の夏にアイスランドを離れた。彼らも＜ヴェローナ号＞に乗船し、

七月十二日にセイジスフィヨルジュル（Seyðisfjörður）から出発した。このグループは比較的のんびりした時を過ごすことができたわけだが、それは船も列車もさほど長く待つ必要がなく、ほぼ同時期に植民地に到着したからであった。

最後の第三のグループは二十名の南部出身者からなり、同年の夏、アイスランドを離れ、他の二グループより少し遅れて植民地に到着した。アイスランドからニュー・アイスランドまでの旅にはかなりの時間がかかったが、不快なほどではなかったようだ。それでも、見たこともない食べ物は当然なことだが、多人数であったことおよび船上や鉄道車両に人が群れていたことが原因と思われる深刻な胃の不調をきたし、特に子供は三十〜四十人が絶命したと見られている。

渡航中に思いがけない事故で二人が亡くなった。二人の男がレッド・リヴァーの小舟から水中に落ちて溺れ死んだ。一人はスカガフィヨルジュル（Skagafjörður）出身のパウルミ・ヨウンスソン（Pálmi Jónsson）といい、年輩で虚弱な男だったが、言葉遣いの丁寧なホメオパシー（類似療法：病気に似た症状と同様の症状を起こす薬を患者にごく少量与えて病気を治す治療法―訳者注）医学の知識も相当持ち合わせていた。もう一人は最後のグループにいたシーギュルジュル・ヒヤウルマルスソン（Sigurður Hjálmarsson）といい、スカガフィヨルジュル出身の有望な若者で、大工の仕事に就いていて、大工仕事でもそれ以外でも多くの同年代の者を凌駕していた。

今夏、さらに約五十人がアイスランドから移住した。た

いていの者が東部地方の出身で、馬の運搬輸送船でスコットランドまで移動し、そこからケベックへ向かった。このグループの大半はミネソタに定住したが、はるばるニュー・アイスランドまで旅した者もいる。その旅は頗る素晴らしいものであった。

アイスランド人の健康状態

植民地に入ってから、アイスランド人の健康状態は、いかなる場合においても、きわめて健全であるとはとうてい思われなかった。一八七五年から七六年にかけての冬、私たち同郷人の間でいろいろな病気が流行った。最も深刻な慢性的病気の一つは壊血病で、数人の死者がでた。これ以外に他の不治の病もいくつかあった。一八七六年九月にアイスランド人の間に危険な厭わしい病気が発生し、それはたちまち植民地のほぼ全域に広まった。この病気ははじめのころ誰も見抜くことができなかったが、天然痘であることが判明した。

危険きわまりない病気ではないことは明らかだったが、感染した所帯はどこも、ほぼ3分の2がこの病気に冒された。天然痘は最初に発生したときから完全に収束するまで半年間猛威を振るった。アイスランド人に百二名の死者が出た。ほとんどが子供か若者だった。天然痘は最初の六週間は少し広がったという程度だったが、そのうち伝染し、蔓延するほどになった。そこで、キーウェイティン地区にたいして最高の権威をもつマニトバ州政府はニュー・アイスランドとマニトバ州間の接触を避けるべく検疫所を設立し、兵士たちにその任に当たらせた。この検疫所の設立は

十一月二十七日である。それより少しあとの十二月の初めのころ、当地の政府職員に唆されて一人の医者がやってきて、健康状態の調査と病人の治療に当たった。同じころ、州政府は同目的のために二人の医者を追加派遣した。しかし残念ながら、治療を施しても不首尾に終わったので、当地に医者を迎えいれても何ら役立たなかったことになる。医者たちの到着前に、病人の治療ができる病院を準備する取り決めが完了していた。そういう目的に供されたのは、奥行き約十三メートル、間口約五十メートルの新しい倉庫で、ギムリに建てるように政府が取り決めたものであった。この病院ではたくさんの人が他所ではとても望めないすぐれた看護をしてもらえた。ここの医者たちは当地に三カ月から四カ月間滞在した。四人目の医者がやってきて、前任の三人と交代した。この医者がやってきたのは三人がここを去るすこし前のことで、六月初旬まで留まった。先述のとおり、十一月二十七日に二十四キロばかり離れたところに検疫所が設立されたが、いわゆるネットリ・クリーク沿いの植民地の南側の突き当たりになる。この病気に罹ったことのない者はそこで十五日間待機して、沐浴し、清潔な衣類をまとわない限り、そこより南方に行くことを許可されなかった。しかし、天然痘に罹かっていた者は沐浴して、衣類を着替えれば、遅滞なく行動することが可能だった。手紙でさえも、石炭酸に浸して消毒し、感染の疑いが晴れるまでは植民地から持ち出すことは許されなかった。

登録正看護婦　シギュルロウス・ヴィーダル
ニュー・アイスランド地区最初の公衆衛生ナース

　伝染病が終息してからも長い間、マニトバ政府は天然痘が根絶したと依然として安全宣言をすることができなくて、みなの希望とは裏腹に長い期間、検疫を続行するだけの十分な資金もなかった。連邦政府は維持費充当資金を拒否した。最後には、当地の連邦政府の職員とマニトバの州政府が合意して、ここの植民地でも何らかの方法で消毒を

続行したほうがいいということになった。アイスランド人の住居の内側は消化した石灰で洗い、一切の寝具と家具類は煮え立つ石けん水で洗うべきということになった。ケワタガモ（Eiderdown: eider は北極地方のカモの総称で、Eiderdown はケワタガモの胸毛の柔らかい綿毛で、綿毛を詰めた羽毛ぶとんに使われる—訳者注）の衣類などは洗うと損傷するので、硫黄の煙霧で薫蒸して消毒することになった。消毒は六月八日から二十日までの間に医師たちの助手であったドレーヴァー氏の監督のもとに実行された。消毒が完了してしばらくたった七月二十日にようやく検疫は廃止された。

事故

アイスランド人がニュー・アイスランドに定住して以来、深刻で不運な事故がいくつか起っている。一昨年の夏、クルーカ（Klúka）出身のヨウン・ソルケルスソン（Jón Þorkelsson）という者が、セリ科の植物アンゼリカ（angelica root）と勘違いしてなにかの根っこを食べて亡くなった。昨年、冬も進んだ頃、セラメルク（Þelamörk）のステーズィ（Steðji）出身のアンナ・グヴズムンズドウッティル（Anna Guðmundsdóttir）という年輩の未亡人がウィニペグ湖で厳しい風雨にさらされて死去した。また昨年の十二月、ビッグ・アイランド出身の二人の男が、ギムリから帰る途中、悪天候でひどい凍傷にかかったのも災難の一つに数えてもいい。足は雨に濡れ、道に迷い、三日目には風雨にさらされて苦しんだ。一人は両足を、もう一人は片足を切断せざるを得なかった。昨年の秋には、メーズルヴェットリル（Möðruvellir）のフヴァンミュル（Hvammur）出身のソ

ルステイトン・シグフースソン（Þorsteinn Sigfússon）が、倒れてきた木で足を骨折し、それ以降、苦痛にずいぶん悩まされた。ことしの夏の八月初旬に、ヒェールチュル・ヨウハンスソン（Hjörtur Jóhannsson）という若者がウィニペグ湖で溺れたが、この男はヴァスネス（Vatnsnes）に親戚を持っている。水泳の練習中だったので、多分痙攣を起こしたのだろう。九月初旬にはシングイヤルシースラ（Þingeyjarsýsla）出身のワルディマル・シグムンドスソン（Valdimar Sigmundsson）という独身男性もウィニペグ湖で溺れた。この男は帆船から水中に落ちて、救助できなかった。

ウィニペグ湖上を帆走中の釣舟

レシピ②

ペンニュケーキュル（Pönnukökur）

［スイートクレープ（Sweet crepês）］

（pönnukökur は pönnukaka［ペンニュカーカ］の複数形で一種のパンケーキである―訳者注）

製法：

卵二個、茶さじ半分のバニラ、カップ二杯半のミルクを強くかき混ぜて泡だてる。別のボウルに、茶さじ一杯半のベイキング・パウダー（ふくらし粉）、茶さじ半分のシナモン、カップ三分の一の砂糖、ひとつまみの塩を入れて混ぜる。液体の材料を乾いた材料の中空に注ぐ。なめらかになるまで十分混ぜる。表面に軽くバターを塗って熱したあと油で揚げるが、一枚のクレープを作るのに一カップ五分の一くらいの材料。

ペンニュケーキュルはカナダやアメリカ合衆国ではブラウン・シュガー（赤砂糖）を振りかけ、きつく巻いて、半分に切るのが普通。アイスランドでは通常、泡立ったクリームと果物をなかに入れて、四つ折りにする。アイスランドのペンニュケーキュルはクレープを使ったデザート用料理ともよく適合する。

レシピ③

ルルピルサ（Rúllupylsa）

- スパイスのきいた子羊の脇腹肉（を巻いたもの）
- pylsa：アイスランド語でソーセージの意味。
- オールスパイス：西インド諸島産のフトモモ科の常緑高木の実を乾燥して作る香辛料
- チョウジ（丁子）：フトモモ科の熱帯性高木チョウジの木の実を乾燥したもの

製法：

大きなタマネギ五個を細かに切って、カップ半分の塩、茶さじ一杯半の硝酸カリウム、大さじ二杯のオールスパイス（オールスパイスは西インド諸島産のフトモモ科の常緑高木、この実を乾燥して作る香辛料）、大さじ一杯の胡椒、大さじ一杯の丁子（チョウジ）と混ぜる。これが中味。骨を取り除いた羊の脇腹肉十個の脂肪を取り除く。皮は残しておく。脇腹肉の切り身の上および切り取った肉の下にも、例の混ぜたものを薄く塗る。しっかりと巻き、紐で束ねる。中に入れて閉じた端を紐と糸で縫い合わせる。プラスティックで強く包んだあと、プラスティックの袋に入れる。冷蔵庫で一週間保存する。プラスティックを取り除いて、ほぼ二時間半、肉にフォークが刺さるくらい柔らかくなるまで、とろ火でぐつぐつ煮る。ルルピルサが完全に冷えるまで上に重しを載せておく。スライスして黒パンの上にのせていただく。

ヨウン・ビャルトナソン（Jón Bjarnason）

イングソア・イスフェルト（Ingthor Isfeld）

ニュー・アイスランド初の牧師ヨウン・ビャルトナソン尊師

　ビャルトナソン牧師はヨウン尊師（Séra Jón）（séra はアイスランド語で牧師を意味し、聖職者などの尊称―訳者注）と呼ばれることがきわめて多いが、一八八〇年代のアイスランドで最も有能で学のある聖職者の一人であったことはまちがいない。母のローザ（Rósa）はアイスランド東部の、ブレイズダーリュル（Breiðdalur）にあるエイダリル（Eydalir）出身のブリニョールビュル・ギースラソン（Brynjólfur

Gíslason) 尊師の娘。宗教改革（*イギリスの神学者ウィクリフ ― 一三二〇？～八四 ― を先駆者として、一五一七年ドイツのルター ― 一四八三～一五四六 ― が「九五カ条の意見書」をヴィテンベルク城の教会の扉にうちつけて公けにしたことが契機となり、十六世紀の全ヨーロッパに起ったローマカトリック教会に対する改革運動で、その結果プロテスタント諸教会が樹立された。[プロテスタントとは抗議する教会の意味] ―訳者注*) 以来、彼女の家系にはほとんど毎世代、ルター派の牧師が出た。彼女はアイスランドの教会史では名のとおった賛美歌作曲家の一人である、エイナル・スィーグルズスソン（Einar Sigurðsson 一五三九－一六二六）尊師の子孫にあたる。

　ローザはビャルトニ・スヴェインスソン（Bjarni Sveinsson）と結婚したとき八人の子持ちの寡婦だった。ビャルトニは若くて、とてつもなく聡明な農夫であり、詩人であってギリシャやローマの文学に精通した。ギリシャ語原典でプラトンの著作を読破し、ラテン語にも堪能であった。ヨウンはローザとビャルトニの三人の息子の長男として一八四五年十一月十五日に生まれた。二年後に父親は牧師職に叙階され、アイスランド東部の田舎の小教区で奉仕した。

　ヨウンは少年のころ、古典サガに熱中し、ハトルグリーミュル・ピィェーテュルスソン（Hallgrímur Pétursson）による「キリスト受難の賛美歌」に大層感銘をうけて、その多くを諳んじているほどであった。学校教育を少しは受けていたが、父親による教育が主であった。十五歳までにラテン語とギリシャ語に熟達していた。一八六一年の秋、ヨウンはまだ十六歳に達していなかったが、レイキャ

ヴィークに行かされて、ラテン語学校つまり大学に入学した。

ラテン語学校の理念はヨウンの趣味にまったく合うものではなかった。ヨウンは多くの点で早熟であって、こんなに若いころから人生を真剣に考える癖があった。学生たちはといえば無責任で宗教的な行いはうわべだけで中味がないと彼は思ったし、学校には上にへつらい、下をさげすむ俗物がはびこり、信仰心のない輩がいっぱいいると感じた。彼は学校にうまく順応できず寂しく思った。このように批判的な態度を示すヨウンには、アイスランドの学歴のある層からの疎外感が一生涯つきまとった。

ラテン学校を修了したヨウンはレイキャヴィークの神学校に通い、一八六九年、学校創立以来の最高点で卒業した。一八六九年の春、病気だった父親の助手として聖職者に任ぜられる。一年後に父親の病気が好転すると、ヨウンはレイキャヴィークにもどった。一八七〇年十一月十四日、二十五歳の誕生日に、ラウラ・ミカエリーナ・グヴュズヨウンセン（Lára Mikaelína Guðjónsen）と結婚した。ラウラの方はピィェーチュル・グヴュズヨウンセン（Pétur Guðjónsen）とスィグリジュル・クヌトセン（Sigríður Knudsen）夫妻間の十五人の子どもの長女だった。父親はレイキャヴィークの音楽界のパイオニアであった。母親はデンマーク出身だった。家風の有名な家に育ったラウラは学問を積み、勤勉で質素な生活にも慣れていた。

ヨウンはレイキャヴィークでの三年間、教職で生計を立てた。その間、教区牧師職に二度応募したが、うまくいかなかった。一八七三年、若い二人はアメリカへの渡航を考

えるようになった。二人は渡海していたパウトル・ソルラウクスソン（Páll Thorláksson）という若い神学生から手紙を受け取った。パウトルからの手紙に、当時ノルウエー人たちがこぞってアメリカに移住中であり、ヨウンがノルウエー人たちの教区牧師となる見込みは大であるとあった。二人は渡航する決心をした。

　一八七三年の九月五日にレイキャヴィークを発ち、三週間後にケベック・シティに到着すると直ぐ、ウィスコンシン州のミルウォーキーに向かった。そこからミズーリ州のセント・ルイスへ行き、ミズーリ地方教会会議ルター派神学校で神学を研究していたパウトル・ソルラウクスソンに会った。（「地方教会会議」は、一般的に、キリスト教の全国的な公会議［カトリック司教会議］に対して、地方のプロテスタント聖職者の宗教会議（組織）。「ミズーリ・ルター派教会会議」はミズーリやオハイオなどの州で、一八四七年、ドイツ、ザクセンからの移民が設立した福音派教会会議—訳者注）セント・ルイスに3週間いて、それからノルウェー地方教会会議の本部が置かれているアイオワ州のデコラ（Decorah）に向かった。二人はノルウェー・地方教会会議のリーダーたちに快く迎えられ、数カ月後ヨウン尊師には新世界が開けた。ヨウンはドイツ人やノルウェー人の教会生活が活気にみちているのに感銘をうけ、これは教会が国家に依存しないで自由なためだと考えた。しかし間もなく、ヨウン尊師はノルウェー人とは一緒に仕事ができないということも悟った。ヨウンはリベラルすぎると思われて、説教をさせてもらえず、ヨウンの方でもノルウェー人はいろいろな面で厳しすぎると考えた。一八七四年一月には、デコラのノルウェー・カレッジで教

師の職を得ていたが、その理由はヨウンの神学を気にいらなかったノルウェー人も、ヨウンのすばらしい学問を大いに賞賛していたからである。ラテン語、ギリシャ語、地理学を教え、教え方がとても上手だと評されていた。

一八七四年、アイスランドでは植民［建国］千年を祝って、盛大な国家的祝典が執り行われた。（八六七年ころノルウェーから第一回目の渡航をした最初の植民者インゴウルヴル・アルトナルソン - Ingólfur Arnarson - は八七四年に一族郎党二百余名を引き連れて再度渡航して、現在のレイキャヴィーク Reykjavik に定住―訳者注）一八七四年の夏、アイスランド人移住者の一団はミルウォーキーに集合して，独自に祝うことを決めた。かなりの数のノルウェー人も参加して、八月二日に公園で祝祭を挙げた。この祭りの一環として、一団はノルウェー・ルター教会に集合して、アイスランド人のために北米で最初のアイスランド語での礼拝を行った。ヨウン尊師が礼拝を執りおこない、賛美歌の九十番について説教した。意外なことにアイスランド人の国歌はこの歌のテキストに基づいている。国歌の歌詞はすでに牧師兼詩人のマッティーアス・ヨクムソン（Matthías Jochumson）が書いた。マッティーアスはヨウン尊師とはレイキャヴィークの学校時代からの友人だった。

ヨウン尊師は間もなく、シカゴで、ノルウェー語の新聞＜スカンディナヴィエン（*Skandinavien* - スカンディナヴィア）＞の編集長として一時的に雇われた。それが気に入らず、ミネアポリスでノルウェー語の新聞＜ビュードスティッケン（*Budstikken* - 回覧板）＞の編集長になった。こんどの仕事には満足し、十分な報酬も得られ、彼のリー

ダーシップのもとに新聞の発行部数は大いに増大した。アメリカ合衆国での彼の未来はかくて輝かしく見えた。

　しかしそのとき、ニュー・アイスランドから、牧師を切に望んでいるという声がかかったので、ヨウン尊師は行くことに同意した。初年度（一八七七）の給与は六百ドルの予定のところ二八四ドル、その翌年度は三一九ドルを支給された。このころはたいへん多難な時代であった。ニュー・アイスランドの移住者はとてつもない貧困に直面し、つぎに天然痘の伝染病に見舞われた。道路もなく、ときには食料がほとんどないこともあった。ラウラ夫人がギムリに学校を開設して、無給で働いた。ヨウン尊師はウィニペグ・ビーチからヘクラ島にいたるまで、ニュー・アイスランド中を歩き回り、最善を尽くして住民に奉仕した。

　この時期（一八七七 - 一八八〇）、ヨウン尊師は毎年数回はウィニペグにやってきて、ミサを執りおこない、牧師の務めを果たした。一八八〇年にはアイスランドに帰国し、東海岸の小漁村セイジスフィェルジュル（Seyðisfjörður）で教区牧師を勤めた。

　ヨウン尊師はアイスランドの教会に大変批判的で、教会当局には信者たちの生活を安定させるための改革の熱意が見られないと苛立っていた。これが契機となり、彼はカナダに戻る決意をしたものと思われる。移住者たちには牧師がぜったいに必要なことはわかっていたのである。

　一八八四年にヨウン尊師が戻ってくると、第一ルター派教会は急速に元気が出てきた。ヨウン尊師は健康だったわけではないが、間断なく懸命に働いた。一八八五年の創立時から一九〇九年までアイスランド地方教会会議の会長で

あり、一八八五年から一九一三年まで地方教会会議の月刊誌＜サーメイニンギン（*Sameiningin*「団結」）＞の編集長を務めた。彼がたゆみなく働いたのはキリスト教教育の強化のためであった。そのため日曜学校を介したり、アイスランド人の学校の設立に骨を折った。この学校はヨウン・ビャルトナソン・アカデミーといい、ウィニペグのサージャント・アベニューの真南のホーム街にあった。

どこかで読み知ったことであるが、ヨウン尊師は並外れた才能をもった人間で、学があり、揺るぎない性格で、不撓不屈と思われているときもあった。身近な人は彼を敬慕していたが、中には厳格で図り事がうまいと感ずる者もいた。健筆家であったヨウンはことば遣いが巧みで、鋭い論法で自分の意見を述べ、論敵を咎めるときは手厳しく、過信がすぎると感ずる者も数多くいた。

ヨウン尊師は、彼に言わせると、人のためになると思っていることに対して行われた好からぬ行為や、またそのようなことをした者には、躊躇なく反対意見を述べた。禁酒運動には賛成して、アルコール依存症にたいして戦いを挑んだ。アイスランドの教会に対しても厳しい内容の文章を書いたが、それは酔っぱらって務めを怠っている牧師、および信仰を捨てたあとでも依然としてその職に留まった牧師を、教会が甘やかしているからだと糾弾したのであった。思うに、シィエーラ・ヨウンはアイスランドの教会当局にとって、時には目の上のたん瘤となったといえる。

働きはじめた初期のころ、ヨウン尊師は友人のスィエーラ・パウトル・ソルラクスソンおよびノルウエー地方教会会議の保守勢力と闘った。フリズリク・ベルグマン(Friðrik

Bergmann）尊師は神学上、ヨウン尊師の右腕となって仕事を始めた若者であった。しかし世紀の変わり目に、自由神学やドイツの神学学校から広まったヒューマニズム（人間至上主義）の方へ傾いていくにつれて、ヨウン尊師はベルグマンと敵対するようになった。ユニテリアン派の教義（unitarianism：神の単一性を主張し、父である神と、神の子キリストと聖霊は元来一体のものであるとする「三位一体説」を否定する教義―訳者注）は、キリストの神性を否定するので、ヨウンはこれと懸命に闘った。

ヨウン尊師の神学は終生変わることなく首尾一貫していた。彼は聖書と教義をキリスト教信仰の基礎と考えて、ルター派の告白に敬意を払ったが、教義と同じ程度の地位は与えなかった。礼拝式とか牧師は礼服を着用すべきかといった第二次的に重要なことには柔軟な対応を示したが、聖書の権威や教会に関する極めて基本的教旨には毅然とした態度をとった。この件では寛大な態度を示そうとはしなかった。

ヨウン尊師は当地ウィニペグの自宅で一九一四年の七月三日に亡くなった。六十九歳だった。ブルックサイド共同墓地に埋葬されている。墓石に刻まれた言葉は＜テモテへの手紙Ⅱ、４章７節＞の言い換えで「彼は戦いを立派に戦い抜き、信仰を守り抜いた」となっている。（新約聖書には「わたしは戦いを立派に戦い抜き、（決められた道を歩み）、信仰を守り抜いた」とある ―訳者注）

ヨウン尊師はアイスランド人のキリスト教教会の千年の歴史で、最も勇敢なキリスト教戦士の一人であった。

ボブスレーでフネイサ（Hnausa）教会に向うギムリ教会の聖歌隊

郵便配達人

ハウルヴダウン・スィグムンズソン
(Hálfdan Sigmundsson)

　私がフリズヨウン・フズリクスソンの要請によって、アイスランド・リヴァーからクランデボイまで、郵便物の輸送に責任をもつ約束をしたのは、一八八二年の十月のことでした。冬の四か月間は三十五ドルで一往復八ドル、秋と春は一往復十二ドルを受け取ることになりました。高額だと、そのとき思いました。といっても、それだけ稼ぐには、往復で約二百キロ走破しなければなりません。でも当時、歩くのは苦になりませんでした。

　このコミュニティは定住者が希薄な過疎状態にあり、幹線道路は冬場は通常、通行不可能でした。ですから私は、サンディ・バーからギムリまで湖岸を行かざるを得ず、何度も強風や雪に見舞われ、身を切るような霜も経験しました。月に二度ほど仕事がありましたが、一回の仕事でふつう三、四日かかりました。三月と四月には二日間で任務が果せたこともありました。天候にめぐまれ道路がぬかるんでなかったからです。疲れることはあまりありませんでした。それは好調な体調でないことも多かったのですが、私にとっては走ることは極めて容易であったからです。

　道中、四軒の家庭が賄いと夜の宿を提供してくれました。いつも喜んで私を迎え入れて、実家にいるかのような扱いを受けました。最初の宿はドランクン・ポイントにあるステファウン・スィーギュルズソン（Stefán Sigurðsson）

家、次はアウルネース（Árnes）・コミュニティのダークヴェルザルネース（Dagverðarnes）にあるヨウハンネス（Jóhannes）とグヴュズレイギュル（Guðlaugur）のマグヌスソン（Magnússon）兄弟の家、残りはギムリのピィェーテュル・パウルスソン（Pétur Pálsson）とキャルヴィーク（Kjalvík）のベネディクト・アラソン（Benedikt Arason）家でした。これら高潔な慈善に富む家庭は私のためにあるかぎりの手を尽くして、しかもなんらの報酬も要求なさいませんでした。善行をなす人には誰にでもいつか好き時に神の思し召しがあるのだと私は思います。

私が夜明けに郵便物を持ってアイスランド・リヴァーを発ち、サンディー・バーを目指したのは一八八三年の一月のことでした。その時は暴風が南方から吹きつけてきて、雪のみならず、とてつもなく厳しい寒気にも襲われました。南方のドランクン・リヴァーに向かうつもりで湖沿いを進み、それはもくろみどおり首尾よく運びました。けれどもドランクン・ポイントの北側に接近するまで地面は見えたことがありません。それから岸に沿って進み、親友のステファウン・スィーギュルズスソンの家に着き、そこで食事とコーヒーに与りました。

再び湖岸に向けて一時に出発する準備ができました。その時ステファウンから、とてもひどい天候なので湖岸沿いを進むことは狂気の沙汰だと言われました。私はそれはおそらく間違いないでしょうと答えました。けれども私が確信していたのは、神が一切の困難に打ち勝つ力を授けて下さるということ、および家にいる最愛の妻が苦労しながら家畜の世話をし、家を暖め、子供の面倒をみているのに比

べれば、この方がずっと容易いということでした。それから私は帰路にはまた会えることを願いつつ、ステファウンに別れを告げました。

　こうして私はギムリに着くまで立ち寄る安息地が見つかる事は期待せずに歩を進めました。天候はサンディー・バーを離れときと同じでした。吹いてくる嵐に幾度か背を向けて、素手で目や口についた凍った雪が溶けおちるように試みました。まだ明るいうちは、時折、海岸をちらっと見ましたが、暗くなるころにはギムリの北にあるバーチ・ポイントの東に着いていたのだろうと思います。その時までには疲労困憊し、衣服は凍ってしまっていたので、歩行も困難でした。だってまだ疲れていないときに、止めどもなく汗をかいていたからです。とうてい生きてはここから抜け出せないだろうというのが、その時の私の実感でした。日は暮れてしまっていました。あたりは雪で閉ざされていました。その後、風向きが依然として日中と同じでありますようにと念じながら、岸のほうに向きをかえて歩いていきました。そしてそのとき私はギムリの東に来ているのだと思いました。十五分ばかり歩くと疲れきってくずれるように倒れてしまい、二度と起き上がれないのではないかと思いました。幼いころ母から教えてもらったお祈りを唱えました。しばらくそこに横になっているうちに、眠り込んでしまったようです。しかしそのとき「光をみよ！」と誰かが私に向かって叫んでいるのが聞こえたようです。誰かが呼んでいる夢を見ていたのかも知れませんが、夢うつつであった私のところにとどいたその声が私の命を救ってくれたことは明白です。私は立ちが上がると、ほっとしました。

降雪はひどいようには思われません。木立がちらっと見えました。拳を握り締めてズボンの膝のあたりをたたくと、歩くのがずっと楽になりました。震えは止まっていたのですが、とてつもなく寒く感じたことに変わりはありません。

しばらくのあいだ歩きつづけていると、ちょうど前方に提灯のような灯がぱっと光るのが目に入りました。できるかぎり全速力で歩くと、神の助けにより、友人のピィェーテュル・パウルススンの家にたどりつきました。防風ドア（寒風・雪などに備えて玄関のドアの外側に取り付けた補助扉—訳者注）をノックすると、家の主が出てきて歓迎の挨拶をしてくれました。こんなひどい天候だから急いで中に入りなさいと言ってくれました。その言葉に甘えました。そして、喉を潤すために水を一杯頼み、飲ましてもらいましたが、ほどほどにした方がいいのではと注意されました。渇きが満たされると元気になりました。ピィェーテュルの細君が現れて、カチカチに凍った上着を脱ぐ手伝いをしてくれました。二人は私のポケットから時計を取りだしましたが、時計というより氷の塊という感じだったようです。暖かい衣服をまとい、上に毛布などがのせてある暖かい寝床にもぐりこみました。この素敵な夫婦は精一杯手を尽くして私の世話をしてくれました。私は子供のころ覚えた夕べの祈りを唱えているうちに、眠ってしまいました。翌日目が覚めると、気分は最高でした。当日、クランデボイに到着し、その翌日の帰路、キャルヴィークに住む友人のベネディクト・アラソン宅に立ち寄り、翌々日に家に戻りました。

ウィニペグ湖岸に出て、私を人の住まいまで導いてくれた灯りをそこで認めたときのあの嬉しい気持ちをいつも思

い出します。それは私にとっていつもかけがえのない宝物です。けれども家に帰り着いたとき、妻が暖かく迎えてくれたことを思い起こすことが私には一段といとしく大切なのです。妻と一緒のときは妻の愛の灯が私の魂の道を照らしてくれます。命が果てるまでそうなることでしょう。

一九二〇年代、「湖上の美人号」と「アミスク」(ギムリ)

ミネソタ州のアイスランド人入植地 一寸話

スノッリ・ヘグナソン（Snorri Högnason）
一八七八年一月二十五日　ミネソタ

　ミネソタ州のアイスランド人入植地は、ライオン郡の北西地域とイエロー・メディスン郡の南方地域に位置している。約三〇平方キロから成るこの土地は、アイオワ州とミネソタ州の州境から約一二〇キロ北、ダコタ州とミネソタ州の州境から約四〇キロ東、ミネソタ州と（カナダの）マニトバ州の州境から約四八〇キロ南に位置している。すなわち、北緯四四度四八分と五十度の間、西経九五度五八分と九六度の間にある。

　アイスランド人に最も身近な交易中心地はノルドランドと呼ばれ、新しいコミュニティであるが、未来が約束されたかのようなとても活発な共同体である。そこは入植地から約8キロ南西の、ウィノナとセント・ピーター・レイルロードとに面している。入植地とその周辺の土地は昔から草原となっていて、ここかしこに丸く盛り上がった丘があり、それも実際は岩山である。土地は肥沃で、作物の栽培、特に小麦の栽培に適している。小麦がここでは実によく育ち、一エーカー（約四〇五〇平方メートル）あたり約七〇〇リットルから一〇五〇リットルは獲れ、約一四〇〇リットルに達することもある。この平原の家畜用牧草地は上等で、干し草の作も申し分ない。干し草の背丈が約一.二メートルから約一.五メートルの場所もあり、長柄の大鎌を使えば、一人でもたった一日で、簡単に牛一頭分の冬場

の十分な飼料を刈りとることができる。入植地から約二六〜三五キロ以内には、これといって森と呼べるようなものはない。近隣地区にある大部分の政府の土地はまだ割り当てられていなかったが、人々がいそいで占有していくような状態にあった。したがって、ぜひとも勧めたいのは、この土地を手に入れたいという人は春できるだけ早く来ることである。

　ここの政府の土地を手に入れるには三通りの方法がある。入植時に、請求書類を添えて二ドル五〇セント支払えば、一六〇エーカー（約六四八平方キロメートル）の土地が手にはいる。その後、半年もしくは二年半の居住後には四〇〇ドルを支払うことになる。それも鉄道が利用可能となる地域内にあればの話だが、地域外ならば二〇〇ドルですむことになる。

　上記と異なる場合、入植時に申請提出の書類に添えて十四ドル支払って、鉄道利用可能な地域内なら八〇エーカー（約三二〇平方キロメートル）、地域外なら一六〇エーカーを占有できる。ただし、半年以内に不在となることなく、五年間そこで生活することになる。五年を経たあとで土地の所有権を取得できるが、同時に最初の税金を支払うことになる。

　三番目として、土地占有時に一六ドル支払って一六〇エーカーを取得し、そのうちの四〇エーカー（約一六二平方キロメートル）に、四年以内に植林する。植林したところが繁茂してくると、八年後に完全にその土地の権利が得られる。これが当てはまるのは、それまで木々がなかった土地のみ。こういった土地の必要がなくなれば、居住しな

くてもいい。

　当地では、家畜は次のような割合で値が付けられる。乳牛一頭二〇～二五ドル、耕作用雄牛一頭一〇〇～一二〇〇ドル、数頭の雌羊三～五ドル、馬二頭一五〇～三〇〇ドル。食料の値段は、一ブッシェル（三五.二四リットル）の小麦八十～九十セント、一ブッシェルのじゃがいも五十～七十セント、牛肉一ポンド三～五セント、砂糖一ポンドにつき十二.五～十六.五セント。

　アイスランド人の第一陣がミネソタ州のライオン郡に入ってきたのは一八七五年六月下旬。一家族と独身者一人の六名だった。家族の長はイェーキュルダーリュル（Jökuldalur）のハウコナルスタージル（Hákonarstaðir）出身のグンレイギュル・ピィェーテュルスソン（Gunnlaugur Pétursson）で、一六〇エーカー（約六四八平方キロメートル）の土地を占有し、自ら粗末な小屋を作ることから始め、夏になると三エーカーが耕作できるまでになった。今では二十五エーカーを耕作し、二十一頭の牛を所有している。この人たちはほぼ二年間ウイスコンシン州に住んだ後ここにやって来た。

　第二陣がここに到着したのは一八七六年の六月で、三家族と二人の未婚の男で総勢十八人。この人たちも、ここに来るまでにウイスコンシン州にいた。家族の長たちは直ちに、先に入植したアイスランド人の近くに土地を占有した。彼らは夏の間に一二エーカー（約三百八十六平方キロメートル）を耕作し、二家族は自分の土地に小屋を作ったが、残り一家族が作ったのは昨年の春であった。夏の終わりに、アイスランドから三家族九人と、ウイシコンシン州にいた

独身者一人がやってきた。一八七七年には四十九人のアイスランド人が入植地にやってきた。ほとんどが一八七七年の晩夏にアイスランドからやって来たが、ウィスコンシン州や東部ミネソタ州から来たものもいた。

　入植地の外で就職した数名の独身男性を含めると、当地には総計で八十五人のアイスランド人がいるはずである。十一名のアイスランド人がすでに百六十エーカーから百八十エーカーの土地を占有している。九人は自分たちで家を建て、そのうち三軒の家は一部が地下になっている。残り六軒は木材で出来ていて、いずれも去年の夏の完成で、七軒目が目下建築中である。一軒は丸木小屋だが、残りはアメリカでよく見られように、のこぎりで引いた板で出来ている。

　ほとんどの家がよく出来ており、中には五〇〇ドル以上の値打ちのするものもあるだろう。当地のアイスランド人たちは九十三エーカー（約四百七十平方キロメートル）の耕作地を所有していて、九人で分けあっている。また十四人が所有者となって８５頭の牛を飼っている。このうち八頭は雄牛。そのうえ、豚や多数の家禽類もいる。アイスランド人が当地に来て以来頗(すこぶ)る健康であるということは以来死者が唯一人しか出ていないということがそのよき証左である。エイザシングハウ（Eyðaþinghá）のトウカスタージル（Tókastaðir）（スタージル「staðir」はスタージュル「staður」「場所、位置；町；自作農場」の複数形で、この語の前に人名をつけて「だれそれの場所」の意味の地名を表す―訳者注〕出身のソウルン（Þórunn）という名前の年輩の女性がその人で、長い間肺病を患っていたが、昨年の夏ここにやってきた。

当地の教会や学校の問題で報告することはほとんどない。アイスランド人はここに来てから牧師の礼拝は受けていなかったが、例外として昨年十月七日にアイスランド・ルター派教会（会衆）設立のお手伝いにパウトル・ソルラウクスソン尊師が来たさい、十月七日と八日に二つの農場でミサを行ったことはあった。パウトル尊師は八日に会合を招集して、みんなに考えてもらうように予め準備していた教会（会衆）の暫定的会則に関して、投票するように求めた。しかし、いくつかの条項が厳格すぎて受け入れがたいとみなす人もあり、そのときは会衆を組織する運びとはならなかった。

　その時以来、教会の案件はなんら措置が講じられていない。とはいえ、たいていの人は、自分たちの好みにあったアイスランド人の牧師が見つかれば、ひとり欲しいと思っている。入植地に生まれた子供たちにはこの界隈にいるノルウェー人の牧師から洗礼が施されている。

　今月十九日に、当地のアイスランド人が会合を開いて学校創設について議論した。決定したことは、教師一人分の給与を支払うお金が調達できれば、六週間の冬の学期が開けるということだった。どういう経過をたどるか今のところわからないが、どのように進展するか、後に報告することになろう。

レシピ④

「ヴィーナルテルタ（Vínarterta）」

 ヴィーナルテルタはウィーン風のトルテ（「トルテ」とは小麦粉に卵・砂糖・刻んだクルミなどを入れて作ったケーキ―訳者注）で、一八六〇年代と七〇年代に、初めはデンマークで、次いでアイスランドで人気があった。アイスランドでのブームはすぐに冷めたが、カナダ移住者は作り続けた。アイスランド本国ではめったに見られないが、ニュー・アイスランドの全地域の代表的料理となっている。

 ［製法］

 一カップのバターをよくかきまぜてクリーム状にする。砂糖一カップ半を徐々に加える。卵を一回につき一個、計三個加える。それぞれ加えた後は、泡立つまでかき混ぜる。アーモンドエキスを茶さじ一杯、薄いクリーム一カップを付け加える。ふるいにかけた小麦粉四カップを、茶さじ三杯のふくらし粉と茶さじ四分の一杯の塩と一緒に加える。小麦粉はできるかぎり擦り込むこと。のし板の上に取りだして裏返す。均等に七等分し、薄く巻いてすばやくオーブンで焼く。重なった層と層の間に次に説明するプルーンの詰め物を塗る。

 ［プルーンの中身］

 種を取り除いた乾燥スモモ二分の一カップを水漬けして、柔らかくなるまで加熱する。カップ二杯半の砂糖を加え、煮立てる。柔らかくなるまで加熱する。料

理用ストーブからはずして、大さじ一杯のヴァニラと茶さじ一杯の粉末状のカルダモン（cardamon：小豆蔲、インド・マレー原産のショウガ科の植物─訳者注）を加える。詰め物を冷やしたあと皮と皮の間にいれる。アーモンドの香りのする、薄めのバターの砂糖ごろもをかける。本格的な調理法としては六層説と七層説があって、議論が分かれる。私たちは七層派だが六層派にも良さがあることは認める。

一九一〇年　汽船とヨットの古い船体（ギムリ）

カナダ　一九七八年

I　静かな夜、月明かりのもと　銀色に輝く魚、
　　紫色の浅瀬に忍び入る。
　　アイスランド人は、麻のロープを切り、
　　ひとつ入り江に　漂い込む。
　　遠い百年の昔に　彼らの恐怖と
　　希望は潰えてしまい、
　　セピア色の写真と変わる。なのに、夢のなかに
　　彼らの試練は続く。
　　樹皮の上靴を履き、指は霜であかぎれる、
　　アイスランド人は　未来をおそれず、
　　一八六七年、天然痘についばまれ、
　　なお、あらぶる神に賛美歌を歌う。
II　イール・デ・シェーヌのかなた　いずこにか
　　二人の異母兄弟が
　　火の気のないストーブの傍らに　すねてふさぎ込む
　　おのおの、分け前の遺産を　妬みあい
　　疑い深い眼をして　待っている。
III　すべてくず折れて
　　木々は風にむしばまれ、
　　背の高い草　雪に沈み込み
IV　真夜中、自家製の酒のボトルを
　　手にしかと握り、立ち止まりしところは

開拓者の墓。
墓石が大地の下に埋もれている。
繁茂した松林の中でつまづく私。
背後の、さびれた教会は
野ざらしの骨のように白く
三日月の先が雲にすっぽり呑み込まれると、
カナダは闇に沈み込む。
   W. D. ヴァルガルドソン（Valgardson）

イール・デ・シェーヌ（Ile des Chênes）：マニトバ州の州都ウィニペグの南東、ハイウェー五十九号の東にあり、Ritchot 地方自治体内にあるが、地方自治体に組み込まれていない入植者コミュニティ―訳者注

サンフィッシュ

デイヴィッド・アーナソン

(サンフィッシュ：彩色の鱗、長い背鰭をもつ扁平な北米産淡水魚の総称 - 訳者注)

　夜明けとともにウィニペグ湖一面に燃えるような赤い光が広がっていった。そのとき、グスティ・オッドソンはブイ（浮標）に手をのばし、仕掛けてあった七つの網のうち、最初の網を引き上げていた。一八七八年の六月のとある朝、私の曽祖母のまた従兄弟のグスティはいったい何を考えていたのだろう。たぶんその少し前、妻と三人の子どもの命を奪った天然痘の流行のことを考えていたにちがいない。あるいは網のことであったか、あるいは魚が獲れたり獲れなかったりするのはいったいどういうわけかなどと考えていたのだろうか。少なくともものをいう魚がいるなどということは考えてもみなかったはずだ。彼の日記帳は四散してしまって、少なくとも現在残っているものからはものいう魚のことを考えていたふしはまったく見当たらない。しかしあろうことか、つまるところ彼はそんなことを考えていたのだ。その日一番に小舟の中に釣り上げたサンフィッシュが彼に語りかけた時は本当にびっくり仰天したのであった。

　サンフィッシュは「グスティ、私の言うことを聞いておくれ。言いたいことがいっぱいあるんだ」と、最初の曙光に銀色の鱗を輝かせながら言った。

グスティは即答を避けた。彼は常識人だったので、魚はしゃべらないということはわきまえていた。とはいえ、この三年間に常識に対する彼の信念はいくぶんか揺らいできていた。常識はアイスランドでは立派に通用していたが、この新天地ではそれほど価値があるようには思われなかった。常識では、水面が凍結すれば魚を獲るような面倒なことはしない。しかし、ここでは氷の真下から魚を獲るのである。氷の下から魚を引っ張り上げると、魚は喘（あえ）ぎ、冬の風にあおられて、たちまちカチンカチンに凍ってしまう。常識では、身の丈十五メートルの樹木が育つ土地ではじゃがいもも育つことになっていたが、必ずしもそうではないことは誰がみても明らかだった。

　グスティはニュー・アイスランド共和国にやって来て、三年目であった。最初の年はほとんど餓死寸前だった。二年目に、家族が天然痘の流行で死んだ。三年目には宗教論争でニュー・アイスランドは相争う二つの陣営に分断された。パウトル尊師は、今、神と悪が雌雄を決する最後の戦いをウィニペグ湖岸で開始したばかりだと論じた。ヨウン尊師は悪は存在しない、イエスは神の子ではなく、単なる宗教的リーダーにすぎない、しかも神は世界のあらゆるものに宿る霊であって、人間ではないと論じた。

　そこで、グスティはサンフィシュに話しかけられた時、訊いたのだった。

　「おまえは悪魔の一味だな？」

　「馬鹿なことを言わないでくださいよ。悪魔なんていませんよ。その事でしたら、神だっていませんよ」とサンフィシュは答えた。

グスティは一瞬考えをめぐらせて、それから

「じゃ、おまえはユニタリアン（唯一神論者：神の単一性を主張し、父である神と神の子キリストと聖霊は元来一体のものであるとするキリスト教の正統信仰の＜三位一体説＞を否定する教派―訳者注）か」と訊いた。

「私はサンフィシュ。あなたのわがままを聞き入れるためにここに来たのではありません。貪欲と情欲、この頃見られるのはこれだけでしょう」と、サンフィシュは悲しげな表情をしてことばを続けた。

「じゃ、おまえは＊フルダフォルクだな」とグスティ。「それとも敵が育てた＊＊モーリで、おれに不幸でももたらそうという気なのか」

* フルドゥフォルク（huldufólk）：小妖精。いろいろないたずらをする小妖精。十九世紀アイスランドの民話の álfar（elves）と同義語。文字通りには「隠れた人々」の意味 - 訳者注。
** モーリ（mori）：アイスランドの男の妖精。着衣が数世紀前の貧乏人に似ていることに起源がある。女の妖精は skotta - 訳者注。

「あまり馬鹿にしてはいけません」とサンフィシュ。「それは無知からくる迷信というものです。あなたの運勢は今よりわるくはなりません。あなたが愛する人はみな死んでしまったし、あなたには自分のお金は一銭もない。売る魚はおろか、食べる魚もない。ニュー・アイスランドの人は皆、あなたを臭いおならのグスティと呼んでいます。あなたは乾いた豆を常食とし、清潔な服を着ていないからです。女に見向きもされないでしょう」

「そんな非礼はのたまい召さるな。なるほど、このところわしは万事順調というわけではないが、さりとてじきには好転しないというわけでもあるまい」とグスティは魚に語った。

「改善されますかね？」と魚はその口の開け閉めが真に嘲笑のしるしであるとするならば、あきらかにあざけ笑ったが、

「妄想、誘惑、わな、これらは人をとりこにする西洋世界の大掛かりな仕掛けですよ。小作農、漁師、愚か者だけが改善なんてことを信じます。事態は絶対により良くなるわけではなく、変化するだけのことなのに」

「おまえがアイスランド語をしゃべるのはどういうわけか」と、呼吸困難に陥っていると思われる魚にグスティは訊いた。

「＜サンフィシュ語を話すのはどういうわけか＞と質問なさる方が賢いのでは」と魚は答えたが、船底でバタバタ跳ねまわっている姿はグスティをもっとよく見ようとするかのようでもあった。

「それとも＜言語とは何ぞや＞と訊くほうがもっと要領を得ているかもしれませんね？」

「陸には聖職者がたくさんいる」グスティは魚に語った。

「太陽はとっくに水平線上に昇っている。おれは網を七つ引き上げなくてはならない。ニュー・アイスランドでおれが＜狂人のグスティ＞と呼ばれるようになったのは、ときどき女房が夢に現れ、おれが女房を大声で呼ぶからだ。おれは魚と宗教の議論をしている暇はない」

「待ってください」これこそが本当の恐怖と言わんばか

りに、魚は大声をあげて、「あなたと話しているんですよ。こんな素晴らしいことはありませんよ。どんなことを話したくてここにやって来たのか知りたくないのですか」

「おれは自分の五感に自信がある」とグスティ。「おまえを信用してもいい証拠になっている。魚がしゃべれないことはわかっている。浜辺には腹話術を使う魚がいるのだろう。おれはまだ床の中で魚の夢を見ているのだからな。こうして現に船に乗って魚と話をしていることなどとてもともありそうもないことだ。だから、このオールでおまえの頭をたたく。そして連れていって、うでてバターを塗ったジャガイモと一緒に食べてやる。魚としては大きい方ではないが、まあ十分だろう。」

「待ってくれ！」と叫びそうになった魚は、グスティがオールを手にとって何かしようとしているように思えたので、はらはらびくびくしていた。するとグスティはロープから手を放し、小舟は網からはなれて、南東に漂流し始めた。

「願いごとをかなえてあげましょう。三つの願いではなく、一つだけですよ。よく考えて、しっかり行動してくださいよ」

グスティはオールを下して

「おれは女房が戻って来るようにしてもらいたい」という。

サンフィシュはうめくような声をあげて「よーく考えてくださいとお願いしました。奥様が亡くなって二年になりますね。戻ってきてもよいといえますか？　死人を蘇らせるなんて自然の摂理を壊すことになりますよ。そのうえ存

命中、奥様とはすさまじい言い争いをしましたよね？　奥様ではなくて、その代わりに新しい小舟を差し上げましょうか？」

　グスティはまたオールの方に手を伸ばした。

　「いけません、待ってください」とサンフィシュはことばを続けた。「じゃあヴァルディ・ソーロソン（Valdi Thoroson）の奥様を差し上げましょうか。代わりにヴィグディス・ソーラリンスドウッティル（Vigdis Thorarinsdottir）をです。ニュー・アイスランド一の美人です。あなたの奥様が存命中にも、あなたは長年にわたって思い焦がれていらっしゃった女性です」

　グスティはしばらく考え込んでから答えた。

　「要らん。彼女はすてきな女性だが、人の奥さんに手をつけるわけにはいかん。おまえからもらえるものはおれの妻か、そうでなかったら今晩、夕食にお前を食うことのいずれかだ」

　「わかりました」魚はぶつぶつ言った。「でも、いつもはそんなふうにお考えになりませんよね。あなたが帰宅しても奥様は待っておられない。二週間たてば奥様が、奥様の従姉妹に当たる若い女性となってやって来ます。名前をフレイヤ・グヴュードムンズドウッティル（Freya Gudmundsdottir）といい、同族のよしみだといって、あなたと同居するようになります。でもあなたは求婚しなければなりません。行儀よくしなければなりません。そうでなかったら、彼女はケティル・ハトルグリームスソン（Ketil Hallgrimsson）と結婚してしまうでしょう。そうすれば、妻は持てないし、夕食にもありつけません」

「わかった。その話はおかしくない。ところで、おれと何の話をしに来たんだ？」とグスティ。

魚はすねているようで、「ばかばかしい話です」と不満気にいう。「私としてはどうも大きな犠牲を払って、人間に知恵を授けているつもりなのに、自分がいただけるものはとるに足らない議論、貪欲、情欲です。いつも同じです。私が空気を吸いたがっているとは思わないのですか。この船底は快適だとでも思っているのですか。なぜこんなことをしているのか自分でもわかりません」

サンフィシュは黙りこくった。グスティは少しかわいそうに思った。そして穏やかな口調で訊いた。「一体自分が知っているのは何だろう。注意して耳を傾けよう。お前が言うように、うまい具合に事が進んで妻が戻ってくるというのならば、おまえの指図どおりのことをおこなってもよいよ」

魚はこれを聞いて、ちょっと気が楽になった様子で

「では、よーく聞いてくださいよ」と言った。

グスティは身をのりだし、注意を傾けた。「もう終わりです」魚はグスティに語った。「済んだんです。終わりました。もうおしまいです。万事が終わりかけています。もっと大きな良い方向に向かっています。幕は降りてしまいました」

「それはどういう意味だ」グスティは魚に訊いたが、魚はそのとき口をゆっくり開けたり閉めたりしていた。

「何もかもです。全部です。太陽、月、星、木、小鳥、動物、人間、犬、猫、何もかもです」

「それじゃ、地球は終末に向かっているとおまえは言い

たいんだな」

「そのとおり。各種族のリーダーの所へ行ってください」

魚は一度パタパタ跳ねて、ことばを続けた。「遅すぎるくらいです」

「いつそうなるのだ？」とグスティは訊いた。

「私にはわかりません。多分、明日。おそらく 二、三千年後。みんな忙しく、することがいっぱいあって。それはさておき、私は自分の務めは果たしましたし、頼まれたことはお伝えしました。ちょっとわたしをひっくり返してくれませんか、そしたらお別れしますから」

グスティは魚のいうことは気にとめず、「たいして変わりばえしない話だ。地球がいつかは消滅することは誰でも知っている。生きているあいだ、正しい生活を送ることが大事なんだ」と述べた。

「どうでもいいことでしょう」とサンフィッシュ。「正しい生活だろうと乱れた生活だろうと。一人の人間の行いなど関係のないことです。世の中全体が変われば多分みんな考え直すでしょう。しかしもう遅すぎます。私を直ぐ水の中に戻してくださらないと、私は死んでしまいますよ。そうなったらあなたも気がとがめるでしょう」

魚の目はすでに曇り始めていた。「あと一つだけ質問がある」とグスティは続けた。「わしの女房はいつ戻って来るか」

「あのですね」魚は舟の中ではなくて、頭上の空にいる人に向かってはなしかけるかのような調子で答えた。

「私が何に耐えねばならないかおわかりでしょう。宇宙の歴史の中で一番大事なメッセージを持ってきてあげたの

に、私は愚かな質問に答えなければならないんですか。金曜日、いや水曜日かな、多分、土曜日でしょう。一週間後か、一か月後か。あなたの願いは叶えてやりましたよ。旅の手配なんか私の責任ではありませんからね」

　魚はあえぐのをやめてしまった。死んだように舟底に横たわっていた。グスティは優しく手で魚をつかんで、水の中にそっと入れてやった。魚は横向きになり、ゆっくりと漂いながら舟から離れていった。グスティは長い間眺めていた。すると魚はやがて尻尾をひらひらと動かしながら、きらめく湖面の奥深くへ姿をくらましてしまった。

　翌朝、グスティは網を見に行かずに、湖の水を掬い、それを直火にかけた。丸太小屋のものをすべて運び出してきて洗った。それからさらに小屋全体―内側も外側も―洗った。ひび割れが見つかりしだい粘土を詰めて、丸木小屋の内外に水漆喰を塗った。コミュニティの者が全員出てきて、驚異の眼差しで彼を眺めた。グスティが近づくと、子供たちも出てきていつもの歌を歌って、囃したてた。「臭いおならのグスティよ、臭いおならのグスティよ。腐ったお肉の臭いがするゾ。臭いお豆と臭い魚食べてばかりいるからだ！」

　子どもたちがこう言って囃したてていると、終いには親たちは口に指をあててシッ！と叱りつけて、子供たちを家に帰らせた。こんなとき、グスティに話しかけるのはいつも決まってただ一人の女性、ヴィグディス・ソーラリンスドゥッティルであった。ヴィグディスはニュー・アイスランドで自分が一番きれいな女性であることを知っていて、グスティがいつも目の片隅で彼女を見つめていることに気

づいていた。

「どうしたの。どなたか待っているの？」とヴィグディスが訊いた。

「変わったんだね」とグスティ。「この世はもうじき終わりになる。だから人間はもう永遠に悲しむことはなくなる。おれはもう釣りにはいかない。今からおれは大工のグスティだ。おまえさんが最上等の毛布を二つ作ってくれれば、おれはおまえさんちの屋根の雨漏りを修理してやるよ。おまえさんちの御主人はドック（埠頭）に座って網の手入れをしたり、無駄口をたたいたりしているほうが好きで、家の修理ということをしようとしない」と話を続ける。「そして、アルダ・バルドヴィンスドゥッティル、おまえさんは雌牛を飼っているよね。お前さんが毎日わしに一年間でいいから牛乳をグラス一杯くれたら、お前さんちにもう一部屋増築してあげよう。そうすれば、双子がおまえさんら夫婦と同じベッドで眠る必要もなく、ご主人が寝返りして窒息させる心配もなくなるだろうから」

こんな具合に、グスティはコミュニティの全員と取引をした。ハトリ・ヴァルガルドソンは１年分の薪と新型小舟とを交換した。インガ・ギスラドウッティルは煉瓦の煙突と交換に新調のスーツを作ってあげることに同意した。漁師たちはドックを具合よく造り替えてくれたら、魚はいくらでも食べられるだけあげると約束した。その日、太陽が沈むころには、グスティはニュー・アイスランド一の金持ちになり、みんなは臭いおならのグスティとか狂人のグスティ呼ばわりすることを忘れてしまっていた。

一か月後、二十人の新移住者がハンネス・クリスチャン

セン (Hannes Kristjansen) の小舟で到着した。彼らは旅の空で体験したぞっとするような話をいろいろと語ってきかせた。自分たちの小舟がスコットランド海岸の岩石に衝突して浸水し、沈没しかかったが、実に立派なシルバー・フィシュ（銀白色の魚）が現れ、舟を誘導してくれたので、難破を逃れられたこと、セント・ローレンス川を遡上するとき、シルバー・フィシュが船長の夢に現れ、手遅れにならぬように警告してくれなかったら、他の舟と衝突して、その船の中にめり込んでしまうようなことになるのは請け合いであったという話もした。ちょうどその日の朝、レッド・リヴァーを下るおり、舟がデルタ（三角州）で座礁したが、シルバー・フィシュの群れが小舟にどしんどしんと突き当たって、座礁した小舟を浅瀬から押し出してくれた話など。

乗客の中にフレイヤ・グヴューズムンズドゥッティル (Freya Gudmundsdottir) がいた。彼女は十八で、金髪が腰のあたりまでたれ下がっていた。その目はとても青くて、ニュー・アイスランドの人はみな、何かを青いといえば、必ずフレイヤの目ほど青くはないと言って、彼女を引き合いにだしたものであった。フレイヤはグスティの妻の若い頃によく似ていてかわいらしかった。グスティの妻はただかわいらしいばかりであったが、フレイヤは美人でもあった。

フレイヤが小舟から降りたとき、初めて会ったのはケティル・ハトルグリームスソンだった。ケティルは即座に結婚を申し出て、命がけで幸せにすると誓った。彼は弱冠二十三歳の眉目秀麗な若者で、カールした髪は垂れ下がり、

体を動かすと筋肉が波打った。フレイヤは微笑をうかべて応じたが、その微笑にグスティは血が凍る思いであった。それでも、彼女は初めて会う人と結婚するために来たのではないと言い、グスティの方を選んだ。自分はみなしごでグスティの妻とは従姉妹(いとこ)にあたると語り、自活できるまで一緒に暮らしてもらえるかと尋ねた。グスティは舌がもつれてしまい、「いいですよ」と口ごもり言うのが精一杯。

彼女はグスティに大型の旅行カバンを手渡して持ってもらい、漆喰塗りたての小屋まで通りを彼のあとからついて行った。小屋に入ってはじめに発した言葉は「ここにはしばらく女っけがなかったようね」であった。それからフレイヤはテーブルをごしごしと擦った。グスティが擦っていたテーブルを。彼女は毛布の臭いをかいだ。ヴィグディス・ソーラリンスドゥッティルが作ったのに、一度も使ったことのない毛布であった。彼女は鼻をねじ曲げるような表情をして、毛布を木にかけ、外気にさらした。それから床を掃いてニュー・アイスランドで一番きれいな床にし、その日の朝捕らえた魚も腐っているといって捨て、パンを作り始めた。グスティは溜息をついて、つぶやいた。「そうだ。これは間違いなくおれの妻だ。魚は約束を守ったのだ」と。

このような状態が翌春まで続いた。この家でグスティの居場所はだんだん狭まっていった。約束の仕事のために早朝に家を出た。そして夜遅く帰宅して気づくことは、家の中がだんだんきれいになっていくことだった。フレイヤは衣服を新調してくれたし、髪を切り、手足の爪も切ってくれた。グスティは日記をつける時間はほとんどなかったが、わずかの記録は日々の生活の特徴をかなりよく言い表して

いる。「一月十一日、木曜日。終日ヘルギ（Helgi）家の屋根の修理。もうくくみタバコはやめた」と、どの日付にも似たような記載だ。

そしてあの春、フレイヤは荷車に乗った神の擁護者に選ばれた。グスティもそれを期待していた。毎年、コミュニティで一番かわいい若い女性が選ばれたが、フレイヤが若い女性の中でも一番かわいらしかったことは疑いない。

事態は急変した。ある朝グスティが目覚めると、朝食は作ってなく、フレイヤは床にいなかった。春だから散歩に出たのかもしれないと思ったが、磯にもいないし、裏庭にもいなかった。グスティは埠頭まで歩いて、漁師たちにフレイヤが通らなかったか訊いた。じきに会えるよとみんな笑った。路上の子供たちに訊くと、ただ笑って、走って逃げて行ってしまった。しまいに、ヴィグディス・ソーラリンスドウッティルの家のドアをノックすると、愚かなまねはしないでとどなられた。「荷車に乗った神が来れば会えるわよ。さあ、向こうへ行って、男らしく振る舞ったら」

グスティはそのとき、困ったなと思った。神の擁護者はその春結婚するだろう。グスティは求婚していなかったのだ。八か月同棲したのに、彼女の到着した日と比べても二人は少しも仲がよくなっていなかった。驚嘆すべき彼女の美しさにものも言えないくらいだったグスティが、とても激しい彼女の気質に一層沈黙を深めてしまっていた。彼はそのためにすっかり人が変わってしまって、清潔で、従順で、まじめで、勤勉な、いわば理想の夫になっていた。他方、ケティル・ハトルグリームススオンは仕事は一切せず、ソーラリンスドウッティルから何をしてもらっても、埠頭でた

だ拗ねて、フレイヤが通りかかるのを待つだけだった。彼女が通りかかると虚勢を張って。通りすぎるまで跳びはねていた。

グスティは魚と相談する時だと思った。遠く離れたサウス・ポイントまで歩きいてゆき、迂回して運河に至った。そこは水深が深く、グスティには魚はここで日向ぼっこをするのが好きなんだということがわかっていた。白い大きな岩の近くで立ちどまり、岸辺に打ちよせる穏やかな波にむかって叫んだ。「サンフィッシュ！水ん中から出てきてくれ。話があるんだ」

返答はアジサシ（カモメ科に属する海鳥の総称―訳者注）がヒメハヤ（ユーラシア産コイ科の小型の淡水魚で、魚釣りの生き餌にする―訳者注）を追って潜ったときにピチャと跳ねる水の音だけだった。再度叫んでみる。それでもカモメのいさかいのほかは何もない。まさに立ち去ろうとしたそのとき、グスティは心に決めた。「いけない。こんなに歩いて来たんだ。もう一度やってみよう。サンフィッシュ！」彼は叫んだ。「出てこい！」

パシャと音がして、サンフィッシュがグスティの足元に触れるところまで出てきた。「新聞ばかり見ていないで、他のものも見ていれば、三回叫ばなくちゃだめだってことがわかるはずです。ところで、どうかなさいましたか。私がお連れした奥様に不満なのですか」とサンフィッシュ。

「実に素敵だよ。思い出にまさる美しさだ。気が強いけどね」とグスティ。

「いいから忘れてください」と魚。「彼女は今もぜんぜん変わりません。あなたはちょっと若くて、彼女にあまり気

を使わなかったから」

「そうだな」とグスティ。「彼女は荷車に乗る神の擁護者に選ばれることがなかったので、気を許してしまった。それで、彼女この春、結婚するんだろう。おれはどうすればいいんだ。」

「彼女と結婚なさい」

「彼女が結婚してくれるか自信がない」

「なんですって！それはご自分の問題でしょう」とサンフィッシュ。「あなたとの取り決めを私は果たしましたよ。悪いけど、あなたはもういい年になっています。もう若くはないんです。それにあなたは信じられないほど退屈な人になってしまった。煙草はやめる。酒も飲まない。ひねもす懸命に働くだけ。ひげも剃ってしまった。あなたを一度は見ても、二度と振り返って見る子はいないでしょう」

「そんなに馬鹿にすることはないだろう」とグスティ。「おれは丁寧に助言を求めただけだ」

「忙しいのです」と魚。「地球は終わりに近づいています。私にはしなければならないことがあります。失恋して切ない人に助言する暇はありません」

尻尾をピシッと打って、魚はすばやく湖に飛びこんだ。それから日光を浴びた銀色の顔が現れて、「彼女に魔法の媚薬を与えなさい」と言い添えて消えた。

「どんな媚薬だ」グスティは波にむかって叫んだ。だがサンフィッシュは去り、波は答えなかった。

その週が過ぎるまでグスティは家にいて、皿が汚れていくのを眺めていた。ほこりがテーブルと床に積もりだす。ひげを剃るのをやめ、またくくみタバコをくくみはじめ、

タバコをくくんだあとの唾液は床においた洗面器のなかへ吐き出した。

　フレイヤは姿を見せなかった。神事の支度のために女たちが彼女をどこへ連れていってもフレイヤはどこかへ雲隠れしてしまい、グスティには彼女を待ちうける見込みなどまったくないことがわかった。ある時、ケティル・ハトルグリームスソンがグスティのうちにやってきて、二人して酒を飲んだが、二人には相語ることばもなかった。近所では、女たちが熱心にパンを焼いていた、男たちはドアに柳の枝を飾りつけていた。ポプラや楓の木には青葉が芽吹きはじめていた。すでにケシが赤・白・黄色の花をつけはじめている庭もあった。

　金曜日の夜明けに彼女は帰ってきた。男たち、女たち、子供たち、近所のものは皆、通りに集まって彼女を出迎えた。南の方から道路を辿ってやってきた彼女は流れるような白い服を着て、長い金髪はそよ風に吹かれ、青い目は輝いていた。こんなに美しいものは見たことがないとグスティは思った。彼女はヘルギ・グヴュードムンドソンの白い雄牛を引っぱっていた。その雄牛は首に花輪を巻いて、神の乗った荷車を引いていた。神はグスティが見たうちで最大のものであった。神は荷車から高く聳え立ち、雄牛が歩むごとに前後に揺れ動いていた。どっしりした手は荷車の正面に憩っていて、雨に備えて、掌(たなごころ)は上を向いていた。鮮やかな色とりどりのシャツを身につけて、絵の具を塗った大きな顔は近所の人々を見おろして、晴れやかに微笑みかけていた。荷車のなかは花があふれている。花と枝は新緑の葉をつけて、とてつもなく大きな肉体のすきまから突

き出ていた。ヴィグディス・ソーラリンスドウッティルに作ってもらった毛布が、片足に掛けられているのにグスティは気がついた。「どこで」とグスティはいぶかった。「どこで、女たちはあんなに多くの花を見つけてきたのだろう、未だその時期になっていないのに」

雄牛は埠頭の端で止まった。フレイヤは荷車に乗りこみ、神の膝に座った。彼女が演説をはじめると、コミュニティのものは皆地面に腰をおろし、耳を傾けた。グスティは神の膝に抱かれている華奢な美人にうっとりとして、彼女の話したことをほとんど聞いていなかった。彼女は雨の話をした。日光と収穫の話をした。大地から芽を出す木々の話や野原の動物や魚があふれでる漁網の話や愛や子供の話などをした。彼女の声には小鳥の鳴声や打ちよせる波の音が混じっていた。それから彼女はまた姿を消した。

そのとき女性たちは大桶にはいった湯気の立てるコーヒーと大皿に一杯盛りつけたペンニュカーカ（パンケーキ）を持ち出してきた。また蜂蜜と渋い実のサクランボで照りをつけた七面鳥、ニワトリ、ハト、アヒルなども持ち出した。さらに焼いた鹿肉や牛肉とゆでたサンフィシュとフライにしたカワカマスとゆでたホワイトフィッシュも持ち出してきた。燻製（くんせい）の羊、ルルピルサ（rullupylsa＝ジャム・ソーセージ、レシピ③参照）、リヴラピルサ（lifrapylsa＝レバー・ソーセージ、レシピ⑨参照）、ブラッド・ソーセージも出た。スキール（skyr＝ヨーグルト、レシピ⑤参照）やバター・ミルクで酢漬けにした牡羊の頭を盛った鉢も運ばれてきた。ヴィーナルテルタ（ウィーン風果物パイ、レシピ④参照）や クレイヌル（kleinur：一種のドーナツ、レシピ①参照）やアウスタルボトリュ

ル（ástarbollur：ást「愛」bollur ＞ bolla「ミートボール」）も持ち出した。

男たちは瓶のコルク栓を抜くと、それを投げ捨てて、「うまいウイスキーを飲むのに早すぎるってことはないぜ」と言い、ビンの底から太陽をのぞいてみた。子供たちはいろいろなことに熱中して、笑ったり、叫んだり、金切り声をあげたりしていた。が、子どもたちに関心を向ける大人はいなかった。何か月も口を聞いたことのない夫婦が若い恋人たちのようなキスをした。だからグスティがこっそりとそこを離れて、わが家へ帰ったのも無理からぬこと。

しかしそこにはフレイヤがいて、長く緩やかな白い外衣を脱ぎ、古びた青色の普段着に着替えていた。彼女は窓の外をじっと見つめていたのに、グスティがかえってきたことにとんと気づかなかった。家の中が散らかっているのにも気がついた様子はなかった。「君はすばらしい。あんなに美しい先導役はみたこともない。あんなに巧みな演説もきいたことがない」とグスティがいった。

フレイヤはグスティをちらっと見て、それからもう一度窓の外を見た。「わたくし結婚します。九日後には結婚します」と彼女は言った。

「結婚相手は誰なの」と悲痛な面持ちでグスティが尋ねる。「可能性のある人はたくさんいるわ」とフレイヤは答えたが、冷めた表情だった。「それはそれとして、あなたとはもう一緒に暮すことはなさそう。結婚式までヴィクディス・ソーラリンスドウッティルの家に泊めてもらうつもりよ」そういって旅の荷造りを始めた。グスティはその荷物をちょっと先のヴィクディスの家まで運んでやった。

翌日、祝いのあととて、コミュニティは静かだったが、町は月曜日には噂でもちきりだった。フレイヤが選んだのは誰だろう。ケティル・ハトルグリームスソンか、それともコミュニティの若者だろうか。または、ひょっとすると、彼女は結婚式当日に現れるよそ者と婚約しているのだろうか。皆が荷車の神を迎えたため牧師に怒られたという噂や、挙式をあげるのを断るのではという噂まで流れた。ケティル・ハトルグリームスソンは晴れ着を身に着け、まるで強がりでもいっているように、偉業をなしとげたといういでたちで、ヴィクディス・ソーラリンスドウッティルの家の前の路上に立っていた。

　その週、グスティは日記をつける時間がたっぷりあった。フレイヤの心をつかむには媚薬に何を入れたものかと熟慮を重ね、誰の手をかりたものかと思いを巡らした。はたして媚薬を使うことがいいのかもじっくりと考えた。よからぬ手立てをして手にいれたものが本当の愛と言えるだろうか。そうして遂には媚薬に真水を注入することに決めた。愛にこれほど近いものが他にあるだろうかと彼は考えた。愛は風邪をひくかもしれないし、火傷を負うかもしれない。透明でとらえどころがない。人をさわやかにしてくれるものでもある。しかし、それは使い果たすと、なくなってしまうものである。しかももっとも重要なことは、それはこの世には他のなによりももっと多く存在しているということである。

　日記はここで終わっている、我慢して私の話にもう少しお付き合い願いたい。だから、この話、実際はどうなったのかを復元してお見せしなければならないのである。母親

と同席していた私の叔母のソーラが言うには、グスティは ヴィグディス・ソーラリンスドウッティルのところへ行っ て、悩みを打ち明けたという。ヴィグディスは灌木林の開 墾地にグスティを案内し、彼女なりに慰めたうえで、結婚 式の朝、媚薬をフレイヤのコーヒーの中にこっそり入れて やると約束した。

すると当日の朝、フレイヤはグスティを選択することに なり、結局二人は結婚し、十三人の子どもをもうけた。ケ ティル・ハトルグリームススンは悲しみのあまり、その日、 湖に身を投げた。

ソーラの妹にあたる叔母のラウラはこの話は本当にあっ た話だというが、その媚薬水をのんだのはヴィグディスの ほうだと言い張る。その朝フレイヤが選んだのはケティル・ ハトルグリームススンで、二人は結婚して、ケティルが溺 れ死んだのは二十年後だという。それまでに子供たちを全 員育て、その子孫はいまもアルボルグに住んでいる。ヴィ グディスは夫と別れ、グスティと一緒に住むようになる。 結婚はしなかったが、二人は十三人の子どもをもうけた。 今もその子孫が全員リバートンに住んでいる。

アウルトネス（Arnes）出身の人々もグスティの話しと 酷似した話をする。しかし彼らが聞いている話では、顔な じみではない立派な人が全身銀の服をまとって、すばらし い小舟で登場し、フレイヤを自分の花嫁にしきりに求めた ことになっている。二人はウィンヤードへ移住し、十三人 の子供をもうけた。サスカチュワン州のアイスランド人は 彼らの子孫にあたる。

従兄(いとこ)のヴィットリ（Villi）は、私よりほんの六歳年上な

– 163 –

のに、アイスランド語が私より上手で、家族が何かを隠そうとしているのだと言う。ひそひそ話を立ち聞きしたのだ。フレイヤはグスティとケティルの両方を選んで、三人で十三人の子どもを育て、父親が誰だかは皆目わからないという話しを信じている。魚についての話は全部作り話だ。だからおとぎ話だと思って、それ以上尋ねる者もいない。いずれにしても、私たちの叔父は市長だから、どんなスキャンダルでも次の選挙で不利になるのだ。

　私には私なりの考えがある。私がこの話を作るとすれば、こんなふうになる。グスティは実際にヴィグディスに会いに行き、悩みを打ち明ける。するとヴィグディスは自分なりにグスティを慰めてやり、自分はいつもグスティを密かに愛してきたので、フレイヤのことは忘れて欲しいという。仮の話だが、グスティという人は融通のきかない人で、グスティの言うことはなんでも聞くヴィグディスはフレイヤのコーヒーに水を入れるように言われる。フレイヤはグスティを選び、二人は結婚したのだ。次に、ハッピーエンドの話が好きな私が示したいのは、フレイヤのひねくれた気質とよこしまな舌にひっかかってグスティは追い払われる。だからグスティは素直なヴィグディスと結婚する。一方、フレイヤは不幸なケティルを選ぶ。ケティルが強がりをいってもフレイヤには全然頭が上がらない。彼らそれぞれが十三人の子どもをもうけ、ギムリの人は皆その子孫だと私は言いたい。

　もう少し言わせてもらおう。だって、物語には適切な終わりかたというものが必要だから。魚の件を何とか解決しよう。魚にもう一度グスティの網に掛かってもらおう。魚が

この世の終末についてあのよしなしごとを言いはじめたら、グスティにその魚をヴィグディスのところへ連れて行ってもらおう。ヴィグディスは魚をうでて十三人の子どもたちに食べさせる―と、まあこういった具合になろうか。

ギムリの女子たち

　　　　　　デイヴィッド・アーナソン

蜂蜜のブロンド色の髪をした
ギムリの女子は夢見てる
海の如き湖のそばで陸地に囲まれて
湖水をはるか夢に見て、陽の光にもあこがれる、
丸き枕のその上に束ねて揺れる金髪の
真白き羽毛の掛け布団、
真冬の憧憬天空に描く鴎も
夢の果て延びゆく黄金の
熱き砂の地に転がりのたうつ湖の
水面のごとき青き目を開ければ
窓辺の陽の光差し込む朝寝まどろみも
目覚めたあとに吹き荒れる
寝具、カバー、シーツの嵐

都会のアイスランド人、丁年に達する：
ウエスト・エンドの若者

ジョン・S. マティアスソン

　私のウエスト・エンドの幼少期の思い出のなかで最も早い時期のものは「音」に関するものである。マニトバ州のウィニペグに隣接するウエスト・エンドは、都市の基準でいうと約十ブロックほどサージャント街の両側に広がり、少なくとも二世代のアイスランド系カナダ人には故郷となっている。インガソル通りの祖父母の家に仮住まいをしていた七歳の頃、週末以外の日は毎朝、この「音」に合わせて目が覚めた。この通りは地図の上では、当時のウエスト・エンドのほぼ中央部あたりのウエリントンから数軒しか離れていなかった。広々とした木造住宅は祖父、アイスランド語でいう Afi[アヴィ]が建てたもので、この家で祖父と祖母、アイスランド語でいう Amma[アンマ]は自分の子どもを八人育てた。世界大恐慌の年、この住居は職を探すアイスランド系カナダ人の農村のコミュニティには憩いの場とはなったし、一九四〇年代と五十年代には都会の大学に通う孫たちの仮住宅ともなった。四十年代にしばらくの間、ここはまた未亡人であった私の母、幼少の妹、それに私自身の住まいでもあった。

　私が毎朝聞いた音というのは舗道をパタパタ、カタカタとゆっくり進んでいく馬の蹄鉄の音と槌音(つちおと)のことである。毎日、パン、牛乳、氷の配達に通りを往き来する配達人の荷車を馬が引いていた。近所の空き地に家を新築するのに

大工たちが槌を打ち降ろす音がしていた。そして、そうする間にも、子供の遊び場は次第に消滅していった。

私の母はアイスランド移民の三番目の子供としてトロント通りで生まれた。そこは当時ウエスト・エンドのほぼ真ん中にあった。彼女がまだ子どもで、地域の住民がもっと西に移動してプレーリーの土地に住むようになっていたとき、家族は父親がインガソルに建てていた家に引っ越した。母は家庭でアイスランド語を習っていたが、それだけでなくアイスランド語は街で遊ぶときの言葉であるとわかっていた。彼女は公立学校に通い始めてようやく英語を身につけた。兄弟たちと一緒にプリンシパル・スパーリング・スクールへ通った。学校はまだその地域の西端にあり、廊下ではアイスランド語が聞かれたが、それは生徒と先生のほとんどがアイスランド人だったからである。

ウエスト・エンドには第一ルター派教会とユニテアリアン派教会の二つのアイスランド教会があった。ユニテアリアン派教会についての詳細は後述。第一ルター派教会に通っていた若い彼女は、ノースダコタのアイスランド人入植地の若い医学部進学課程の学生に出会った。二人は結婚してウィスコンシン州に移動。そこで私の父は歯科医療の勉強をしたあと同州の小さな町で開業した。父が死んだとき私は七歳で、母は幼子の娘と年少の息子をつれて子供時代を過ごした場所に戻り、ピアノを教えながら公共料金を稼いだ。家族全員がインガーソルの二階建ての家に二、三か月住んだあと、隣のリプトン通りの小さな一戸建ての平屋に引っ越した。

だから、私のもっとも早い時期のウエスト・エンドの思

い出は「音」である。あと十年ほど遅く生まれていたら車の反響音に強く印象づけられたことであろうが、一九四〇年代のウエスト・エンドでは車はごく少数だった。男たちの多くが外国で戦争をしていたし、当時車を運転する女性はほとんどいなかった。母は繁華街のデパートで販売しているものが必要だと思えば、妹と私を一緒に連れていったが、私たちは片道一マイルくらいは歩くことになった。母の買物中に私たちがお利口さんにしていて迷惑をかけなければ、ポーテージかボーンにある通りのハドソン・ベイ店の地下でボリュームたっぷりのクリーム入りの麦芽乳（モルト［malt:麦芽］を牛乳に溶かし、チョコレートを加えた飲料―訳者注）を買ってもらった。

　ウエスト・エンドに住む人々はいつもきまってポーテージの商店街でショッピングをした。本通りにも商店や大きな店はあったが、そこはノース・エンドに住む人々がいつも行く場所で、私たちには相容れない領域だった。そのころは都市に住んでいた少数民族は互いに隔たりを感じ、他の少数民族を遠ざける傾向があった。アイスランド人はいつも、自分たちは少数民族ではないと言い張っていたが、ウエスト・エンドもノース・エンドに勝るとも劣らぬほどの少数民族居住地だったので、ユダヤ人、ウクライナ人などが住んでいた。ただアイスランド人はお高くとまっていて、それを認めたがらなかっただけのことである。

　私が住んでいたところは表通りというよりも裏通りといった感じのところだった。そういった小路で男の子は缶けりのような遊びをした。缶は捨てられた台所の生ゴミのなかから拾ってきた空き缶だった。だが、女の子が遊び仲

間に加わると、歩道は＜旦那さん、お願い！＞や＜隠れん坊＞のような遊び場となった。まわりに男の子がいなければ、女の子たちは石けり遊びや縄跳びをした。

　はっきりしていることが一つある。屋外は大人の住む世界ではないということである。夕方、親はブリッジをするか、小さな菜園で仕事をし、または書物や雑誌を読んでいたが、今日の親と違って、子供が暇なときに好奇心にみちた創造的な遊びに興じているのか、心配して確かめるようなことはなかったように思われる。夕食のテーブルを囲むような場所では子供の世界と大人の世界は交差するが、たいていは互いに分離していた。繁華街にあるYMCAのクラスに入会するとか、音楽のレッスンを受けるようなときには、若者は歩くか、または自転車を使った。

　ウエスト・エンドは郊外の宅地開発業者が設計して作った地域ではなかった。住宅は私のアヴィのような民間の請負業者が建てたもので、一番最初の集合住宅は街角に建てられた。そのためたいていの街区の真ん中に二、三の空き地ができて、若者はここは自分たちのものだと主張した。サージャント・パークの敷地は遮るものがなく、手入れがゆきとどいて、広々としていた。学校の運動会はそこで実施された。冬には多くの用地が水浸しになり、スケート場に変わった。男の子たちはそこでホッケーの技術を身につけたり、ウエスト・エンド・メモリアルズのようなコミュニティ・クラブに入ったりしたものだ。女の子たちは恥ずかしそうに顔を赤らめた男の子たちのすぐ目の前で、輪になってスケートをするだけだった。が、男の子で破廉恥な連中は女性の後を滑っていったのに、臆病な男のほうは待

機場所に立って、下品な戯言を言いあっていた。

　たいていのスケートリンクのそばにワンルームの小屋が立っていて、それはスケートリンクの管理のために年輩の男たちが賃借した活動場所となっていた。小屋はだるまストーブに石炭や薪をくべて、いつも暖めてあった。通常は男性一人の責任者が火のそばにすわり、スケート靴を磨いていた。小屋には温かそうな薪とぬれて重たそうな羊毛の衣服の、強烈な臭気がただよっていた。「音」と同様に、さらにウエスト・エンドの「香り」も私たちの記憶に残っている。スケート靴を磨きなおすとか、地元の小屋ではできないほどピカピカにする必要があれば、靴屋のジャックのところへ持っていった。リプトンとウエリントンが交差する通りに小さな菓子屋があって、その裏手にスコットランド出身のジャックの小さな店があり、いつもなめし皮の強いにおいがたちこめていた。屋根のないジャックのあばら家と菓子屋は今はもない。ウエスト・エンドのランドマーク（名所旧跡）がたくさん失われたが、これと同じである。

　夏の夕方、若い男女は空き地に集合し、建築現場の木切れや近くの草原から集めてきた小枝で焚き火をした。めいめいが火の中にじゃがいもを一個か二個投げ入れて、いろんな話をした。勇気をだして女の子と抱き合ってキスするような年かさの男の子もいた。火が衰えると、棒切れで燃えさしの中からじゃがいもを取りだし、よく調べて自分のものを手にした。外皮が黒くなった硬焼きのじゃがいもを割って開け、振りかけ式の塩入れを順番に回して、ほかほかの中身に味つけをしたものだった。たいていの者にはウ

インナーソーセージやマシュマロは値段が高すぎたけれども、じゃがいもなら家の地下室にいつもあった。あのとき以来一度も、ウエスト・エンドの空き地で焼いたものに勝るジャガイモを味わったことがない。

やがて―特に終戦後に男たちが帰還すると―空き地に住宅が建った。夕方、建築労働者たちが家路についたあと、建築中の住宅は若者がたむろする恰好の場所となったが、しまいには住民とおぼしき人が事故を心配して、警察を呼ぶか直接やってきて、私たちは追い払われる始末だった。

サージャント・パークのことをうっかり忘れるところだった。ウエスト・エンドの街路のほうが手入れの行き届いた公園の芝地よりもずっとずっと面白かった。でも、公園の屋外プールは夏の盛りには格別人気があり、そんな日には、いつも混雑しすぎて泳げないくらいだった。あまりの暑さにプリンシパル・スパーリング・スクールが閉鎖されたときなどは特にそうだった。しかし、プールに思ったとおりに飛びこんだり、プールの傍らに敷いたタオルの上に寝そべって、日光浴をしながら異性に色目を使ったりして、とても楽しかった。

もう一つ男の子たちに人気のあったものがある。夏に他人の屋敷に侵入して、小粒の野生リンゴを失敬したものだ。大勢で垣根によじ登り、リンゴをポケットに一杯詰めると、電灯がつき外に出てきた持ち主に追い払われるのだった。リンゴは酸っぱすぎて食べられたものではなかったので、互いに打っけ合いをしながら、小路を歩いて行った。私たちが押し入ったところはほとんどがイギリス人かスコットランド人が住む屋敷だったように記憶しているが、あんな

行動を起こした動機として、少数民族にたいする偏見があったからだとは思っていない。ただアイスランド人の家にはあんなに多くのリンゴの木は植えてはなかった。

　四十年代および五十年代のウィニペグには、チャイナタウンの中華料理店以外にはレストランはあまり多くはなく、ドラッグストアにはどこも「ソーダ水売場」(アイスクリーム、ミルクセーキ、牛乳に香をつけたシロップや果物などを入れてかき混ぜ、泡立たせた飲料水を売っている―訳者注)があって、麦芽乳は若者の好物だったが、いろいろな香りのする炭酸清涼飲料も購入できた。そして財布の中身がアイスクリーム入りのものを買うのに届かなければ、チェリー・コーク(ザ・コカ・コーラカンパニの、サクランボの風味を軸とする炭酸飲料―訳者注)ならいつでも買えた。

　リプトンとサージャントの交差する通りに面したジャック・St.・ジョンのドラッグストアはウエスト・エンドで一番繁盛していた。ポーテージとシャーブルックの交差する通りのハーモンのドラッグストアではハンバーガーやホットドッグも買えた。ハーモンの店の二、三軒向こうには人気のあるビャルニの理髪店があり、アイスランド人たちはここで散髪をしてもらうばかりではなく、ここで界隈のうわさ話も仕入れていた。女性たちはエリスとアーリントンの交差する通りのリル美容院を贔屓にしていた。

　たっぷり食べて食事に満足したい向きにはフィシュ・アンド・チップス(白身魚のフライにポテトフライを添えた料理―訳者注)の店があった。売り物はイギリス人がよくやるように新聞を何枚も重ねて包んであった。どんなに寒くても天候なんかかまわず、袋のポテトに酢をかけて、ポテトをム

クリスティン・ベンソン(クリストファーソン)とハンフリ・オルソン―テリー・テルゲンソン公文書保管所のクリスティン・クリストファーソン収集品の写真(1930年頃)

シャムシャ食べながら歩いて家に帰るか、放課後のアルバイト先に向かったものだ。

　アイスランド人の家庭なら、クリスマスにはアイスランド独特の食べ物を準備して、招待客に差し出す。それはたとえばいろいろな種類の羊肉ソーセージを茶色のアイスランド糖蜜をたっぷり塗ったパンの上にのせたサンドウィッ

チであったり、これと一緒にヴィーナルテルタ（レシピ④参照）という何層にも重なった菓子も供される。これらはアイスランド人以外の多くの人に受け入れられてきたものである。アイスランドの薄いパンケーキであるペンニュケーキュル（レシピ②参照）は赤砂糖か白砂糖を振りかけて、しっかりと巻いてある。私のアンマは鋳鉄製のフライパン状菓子焼鉄盤をもっていたが、それはもっぱらパンケーキ用だった。彼女はパンケーキを家の地下室に置いてあった小さなストーブの上にのせて作った。おそらくアイスランド農家の夏の台所の代わりをするものが、新世界のこの狭い料理場だったのであろう。アンマが作ったパンケーキの香りが階段をふわりと漂い上ってきて家中に広がっても、冷えびえとした地下室のストーブの温度が上がることはなかった。

ウエスト・エンド地区に住むアイスランド人のコーヒー好きはウィニペグ中で有名で、ほとんど全員が湯を沸かし、その湯をコーヒーポットに吊るした木綿の袋に注ぐ、といった昔ながらの方法でコーヒーを入れていた。アイスランド人以外の人は、その袋は実際は古いソックスだとしきりに言っていたのに、アイスランドコーヒーは要らないとは一度も言わなかった。中にはアイスランド人をまねて、歯の間に角砂糖一個をはさんでコーヒーを啜った人もいた。

プリンシパル・スパーリング小学校の廊下には二、三世代のアイスランド人生徒たちのすがすがしい思い出がつまっている。しかし放課後は遊びの時間とは限らなかった。土曜日もまた同じ。生徒の何人かは土曜日の午前中、アイスランド語のレッスンのため第一ルター派教会に行った

が、私は母の友人から個人レッスンを受けた。残念ながらアイスランド語を習得できたものはほとんどいなかった。両親の期待に背くことになったが、私たちにアイスランド語を学ぶ動機が欠けていたからではないかと思う。

　学校から家に帰るといつも、地下室のかまどに石炭をくべ、じゃがいもやカブラを保存用の粗い麻布の大袋から取り出す日課が待っていた。地下室は冷んやりして湿っぽく、じゃがいもには小さな蜘蛛がまつわりつき、とても怖かった。近所の男の子の多くが＜フリー・プレス＞や＜トリビューン＞といった新聞を配達していたが、配達区域は近隣から左右に、ノートルダムからサージャントまで、サージャントからポーテージ・アベニューまで、いずれの場合も三ブロックの広さだった。後に私たちは繁華街のボーリング場でピンを並べるアルバイトをすることもあった。小遣い銭を稼ぐにはきつくていやな仕事であるし、ピンが思いがけない方向に飛んでくることもあるので危険なことが多々あった。またあるときはドラッグストアの配達をすることもあった。当時はどのドラッグストアも夕方働く配達人の男の子がいて、処方薬を求めて電話した人には薬を、軽い飲食物の必要な人には清涼飲料水などを届けた。ウィニペグの冬空の下、重たいバスケットに押しつぶされそうな旧式の自転車をこぐのは、とてもくつろいだ気分にはなれなかった。

　男性服のドレイプス（drapes：長くゆるい上着と細身のズボンからなる若者向きの男性用スーツ―訳者注）が流行ったときは、自分が自由に使える現金が特にありがたかった。ヒップから膝にかけて幅が広く、足首のところが細くなったズボン

は一つ一つデザインされたもので、多彩な色違いのものがあった。両脇には縫い目が三個所か四個所または五個所もむきだしになり、それが飾りとなっていた。ズボンには腰の上に数個のボタンがかけられる長さがあり、どの程度の長さにするかはデザイナー次第。私たちは自分で意匠をこらしてデザインし、互いにしのぎを削った。もちろん、ドレイプス自体は注文仕立で、値段も高かった。

　ウエスト・エンドで私がはじめて就いた仕事は、叔父のハロルドから受け継いだものであった。それまで叔父が二十年間も続けてきたその仕事というのはパン屋のジョーの手伝いだった。ジョーが幌付き荷馬車に乗ってパン販売にやってくる音で七歳のころ私は目を覚したものであった。ジョーの本名はトリッグヴィといったが、彼は少なくともウエスト・エンドの住民には二世代にわたってジョーという名前で通っていた。ジョーが初めてアイスランドからウエスト・エンドにやってきたとき、休暇をとって不在になっていた配達人の代わりをしたという話がある。正規の御者が戻ってきて気づいたことは、トリッグヴィが帳簿に必要項目を全部アイスランド語で記入しているので、彼にはまったく読むことができないということであった。ジョーことトリックヴィはパン屋で唯一のアイスランド人従業員で、記載事項の翻訳ができるのはジョーだけだったので、引き続き雇用されることになったが、その仕事は英語を使ってするようにと言われたとのことである。

　私は土曜日の朝になるといつも、アルバーストーンとポーテージ通りに面したパン屋でジョーに会った。私が馬を御し、ジョーはパンやケーキを仕分けした。日中は馬車

のなかに私だけを残して、ジョーは鍵の掛かっていない家々に勝手に入っていって、コーヒーを飲んでいた。私のアンマなどはジョーのためにといっていつもストーブのうえにポットを載せておいたものであった。アンマであれ他人であれ、誰かが家にいようがいまいがジョーはいっさい構わなかった。そのころのウエスト・エンドで、他家に侵入して蛮行をはたらくものは事実上いなかったからである。ジョーが建物に入っている間、私は馬の背後の御者台に座って、ローズ・シアターの昼興業で、友人と共に見たジーン・オートリ（Gene Autry 一九〇七—一九九八：一九三〇年代初頭から三十年以上にわたって、ラジオ、映画、テレビでカントリー・ソングを歌うカウボーイとして名声を博した米国人—訳者注）や他のカウボーイの英雄たちの後から、ほろ馬車を駆って草原を走っている自分の姿を夢想したものである。午後遅い時間になると、ジャック・St.・ジョンのドラッグストアに立ち寄り、ジョーはコーヒー、私はココアを飲んだ。その日私は五十セントの日当をもらった。

アイスランド人は飽くことなき読書家である。書物はウエスト・エンドのアイスランド人の若者にとって重要だった。たいていの若者が一冊十ドルの漫画本を集め、売買するべく友だちと定期的に交換会をひらいたものだった。

ジャック・St.・ジョンのドラッグストアの雑誌棚は別の目的にもかなった。当時、「プレイボーイ誌」はなかったが、日光浴姿の女性を載せた雑誌がいくつか発売されていて、若い男の子はきまり悪そうにこっそりと雑誌の中をのぞき込み、女性のヌード写真から異性に対するイメージを描いたものだった。同じようなことを若い女性もしたか

もしれないが、そんなことは女性に聞いたことはないし、たとえ聞いても恐らく答えてもらえなかったであろう。

　ほかにも遊び場が二か所あった。ふたつながら、住んでいる地区の西の縁にあった。一つはサージャント・パークの西方のエリンかウォール通りに面した墓石採石場だった。そこには巨大な大理石の厚板がいくつか一か所に無造作に放りだされていて、奇妙な堆積物となっていた。何時でも切りだして、墓石にすることができるようになっていた。立入禁止の場所だったが、そんな警告は無視した。積み重ねられた厚板の間の穴は探検ごっこにはもってこいの場であり、厚板の山の一番上にはらはらしながら立つと、平らな景色に慣れた草原の若者たちには山の頂上に達した心持ちになったものだ。平日は作業人に追い払われたが、週末になるとその場所は私たちの独演場となった。そこで遊ぶ喜びには、人工の遊園地も太刀打ちできなかった。

　もう一つは町のゴミ捨て場だった。ウエリントン・アヴェニューの南にある巨大なゴミの山は格好の遊び場となった。第2次大戦後、そこは陸軍のヘルメットや打ち捨てられた軍用装具の捨て場所となっていて、子供たちはいろんなものを拾って帰った。ゴミの山は平らな地面にうず高く積みあげられていて、墓石用に切りだされた大理石の厚板と同様に、プレーリー生まれの子供たちには興味ある場所だった。私たちの楽しみはゴミの中を跳ねまわり、捨ててある宝を発見することだった。今日そこには草が生えて公園になっているが、誰にも使われていないようだ。

　ここまで書いてきたことは他の地域でもよく見られたことであるが、このような活気ある活動にアイスランド人特

有のものだとはっきり言えるものは何もない。しかし、そのような遊びに熱中したのはアイスランド人移民の子どもたちや孫だった。彼らが育った家庭では、毎朝アイスランド・コーヒーを飲み、大人は子どもに聞いてもらいたくない時アイスランド語で会話したのである。男女とも一般的な個人名をつけることが多かったとしても、姓はアイスランド語だった。母が私をジョンと名付けたのは片方の祖父の名前にちなむだけでなく、綴が英語風になっているので、この名前が異国的な響きがしなかったことによる。

日曜日に教会に通ったが、夕方のミサはまだアイスランド語で行われていた。家庭の居間のコーヒーテーブル、というよりむしろ台所のテーブルの上には2つあるアイスランド語の週刊新聞のどっちかが、数紙置いてあった。新聞が印刷された出版所はサージャント・アヴェニューにあり、この通りはウィニペグ以外の人にはアイスランド本通りとして知られていた。私は仲間とともに少数民族的なものを拒否するコミュニティで育ったが、大いに異質的だった。母の世代のアイスランド人はアイスランド語訛りのない英語を話せることで大騒ぎしたかもしれないが、自分たちはアイスランド人であるというプライドやアイスランド語を失くすことはなかった。ウエスト・エンドはいかにもアイスランド的であり、議論の余地はなかった。

ウエスト・エンドの住民は自分たちが住んでいる小さな地域からより大きなコミュニティに思い切って入っていったときにも、差別されるようなことはなかった。それどころか圧倒的な数を占める「ワスプ」(WASP：White Anglo-Saxon Protestant の略で、アングロ・サクソン系白人プロテスタント

をいう―訳者注）の人々に歓迎され、喜んで迎えられることもあったようだ。若いアイスランド人女性はいい花嫁候補となり、法律や医学を修めた男性は定評のある会社に入ったり、開業医になるのに、あまり苦労することはなかった。残念ながらウエスト・エンドの人々が既存の支配者層に偏見をいだくようになることは時折はあった。

ウィニペグやマニトバ州全域に住むアイスランド人は＜グーリーズ（goolies）＞と呼ばれたが、これは軽蔑的な言葉ではなかった。喧嘩言葉の＜カイク＞（kike：米国・カナダでユダヤ人の蔑称―訳者注）や＜ハンキー＞（hunkie, hunky：ハンガリーやユーゴスラヴィヤなどの中欧・東欧出身の未熟な移民労働者に対する侮蔑表現―訳者注）のような少数民族につけたレッテルではなく、ウエスト・エンドに住むたいていのアイスランド人が自分たちを卑下するために使った謙譲語である。

一九五〇年、ギムリの商業用の魚を捌く

グーリーという語のルーツはマニトバ州の歴史の中にある。デイヴィッド・アーナソン（David Arnason）の主張では、マニトバ州のインターレイク地域（ウィニペグ湖とマニトバ湖にはさまれたウィニペグ市北方の楔形をした地域—訳者注）で、ウクライナ人が隣人のアイスランド人を言うときに使った表現だとするのだが、私はむしろ都会つまりウエスト・エンドで使われた表現で、グーリーというのはサージャント・アヴェニューの古風な＜グーリー・ホール（goolie hall）＞から取られたとするほうが好きである。グーリー・ホールはもともと「IOGT」、つまり Icelandic Order of Good Templars（禁酒運動を行なったアイスランド結社—訳者注）の本部であった。何階もあるかなり大きな建物がウィニペグにあり、何十年もアイスランド人社会活動の中心地となった。ダンスパーティもそこで催されたが、コミュニティの名高い討論会で大群衆をひきつけ、言い争いを煽ったりするのもそこだった。多くの意味でグーリー・ホールは部外者にとってウエスト・エンドの象徴だった。

　子供のころ教えてもらったウエスト・エンドの民話の多くがグーリー・ホールと関係があった。そこは有名なアイスランド人好みの強き心を試そうと、アイスランド人移民が結成した二つある禁酒連盟の一つの集合場所となっていたが、それにとどまらなかった。私が育ち盛りのころその建物は都心部の端にあったが、その周辺地域は俗化しかかっていた。かつてはウエスト・エンドの中心地に立っていたその建物も、住民が西の方に新開拓地を広げると、孤立してしまった。一九四〇年代までにはそこでダンスパーティやビンゴゲームがときたま催されていたが、禁酒運動

は終了し、それとともにこの古い建物も存在価値をなくしてしまっていた。

　一頃、このホールは夜な夜な白熱した討論に引きつけられたアイスランド人で満員になった。映画やテレビが娯楽の中心となる以前のことである。アイスランド人のコミュニティはいつも分裂していた―ほとんどどんな問題に対しても意見の一致をみなかったといってもよい。保守党員と自由党員がいたが、双方の選出議員とも、政治的に神学と深く関与していた。みんな、あまり妥協を図ろうとせずどちらかについた。住民は討論が大好きで、それによって知的刺激が与えられたことは事実である。礼儀正しいイギリス系社会では政治と宗教は会話の話題としては容認されなかったが、アイスランド人には楽しい会話をするのに必要な要素だった。保守党と自由党は二種類のアイスランド語の新聞＜レーグベルグ（Lögberg）＞と＜ヘイムスクリングラ（Heimskringla）＞のどちらかに、それぞれ自派の支持者がいた。この新聞はともにウエスト・エンドで発行され、北米のアイスランド人全体のネットワークづくりに役立った。宗教面では、保守的だが新宗教理論的傾向な形態をとるルター派と、最近になって出現したユニテアリアン派（三位一体説を排してキリストの神性を否定する新派―訳者注）があった。宗教上の見解に著しい違いがあったので、ルター派の親は子孫がユニテアリアン派の人と結婚しないように頑張ったし、逆の例もあるが、その甲斐もなくうまくいったのはごく一部にすぎなかった。

　どちらの陣営にもリーダーがいて、グーリー・ホールの壇上の公開討論会で相手と言い争うのはこういった人たち

だった。その主張は、聴衆が後でウェーヴェル・カフェーに行って角砂糖を口に含んでコーヒーを飲むとき、思い巡らすのに十分な材料を提供してくれた。公開討論会は一種の演劇であった。ウエスト・エンドに伝わる話によれば、演説者は公衆の面前に姿を現す前に会合をもち、裏通りを歩きながら自分たちの戦術を練ったという。それからグーリー・ホールの舞台に立ち、最大限の罵り声で政敵を罵倒するのだった。神学論争で、演説者が政敵に向って片腕をさっと払うような動作で、「ばかを言うな、悪魔め」と非難していたのを私は覚えている。なのにどうも二人のリーダーは互いに尊敬しあっていて、試合が終わったあとのプロレスラーのようにこっそり会って散歩していたようだ。レトリックを駆使した活発な論争はコミュニティを二分したが、彼らの友情は知性を要する意見の相異とはあまり関係がないようだった。

サージャント通りからちょっと離れたヴィクター通りに面したルター派教会と、バニング通りとサージャント通りの交差するところにあるユニテリアン派教会は論争の材料を提供しただけでなく、数十年にわたってコミュニティの精神的な支えとなっていたが、やがて双方ともアイスランド的な特徴をなくしてしまった。ユニテリアン派教会は一九六〇年代に大学の知識人によって引きつがれ、第一ルター派教会では若い会員の多くが聖スティーブン教会に吸収された。この教会ははるか西方の、昔の広々とした草原を造成してできた郊外に建てられたものだった。今日、双方の礼拝堂でも集会室でもアイスランド語が聞かれることはまずない。

長年、アイスランド人の教育はウエスト・エンドのヨウン・ビャルトナソン・アカデミー（Jón Bjarnason Academy）―マニトバ州のアイスランド人たちが援助した私立学校―で対応してきた。この学校はもともとはルター派教徒たちがスポンサーになっていたが、その教育課程（カリキュラム）にはユニテリアン派の人たちも順応するようになっていて、両宗派から多くの生徒を集めていた。最初の数年間はルター派の生徒は宗教の授業への強制的参加が当然だったが、専門教育科目でその代わりをする学生もいた。「the J.B.」という名前でかわいがられていたこの学校もついに、二十年後の一九四〇年に閉校となった。しかし多くの人がここで学んだので、マニトバ州全域にとどまらずアイスランド人コミュニティに忘れられない影響を残した。

　今日、ベーテルスタデュル（Betelstadur）という名前の高齢者向け住宅が、長い期間ウィニペグ市の西端であると同時にウエスト・エンドの西端でもあったところに立っている。今ではウィニペグ市は何キロも郊外に伸びた。大型アパートの住民のほとんど全員がウエスト・エンドの住民であり、そういう人のほとんどがアイスランド人の血筋を引いている。ロビーやエレベーターの中ではアイスランド語が聞かれるが、話しているのは年配者だけである。彼らとて子供や孫たちと話すときにはアイスランド語は使わない。この住まいはウエスト・エンドのアイスランド人コミュニティの最後の砦であり、かつては他のコミュニティと区別ができたアイスランド人コミュニティの縮図といえる。

あの夏、魚にたかる蠅が群がっていた

レシピ⑤
「スキール（SKYR）」

　今日、販売用スキールはマニトバ州で簡単に手に入る。包装を解いてスキールを取り出し、クリームと砂糖を混ぜて味をつけ、ソフトアイスクリームの軟度になるまで滑らかにして、それをかきまぜて泡立たせる。フルーツ、シロップまたはゼリーと一緒に食べることが多い。

　［製法］

　カップ四杯のミルクを全部沸騰させたあと、なま温かくなるまで冷やす。温もりのまだ残っているミルク半カップを取っておき、大サジ二杯のスキールをそれに加える。残りのミルクは攪拌し、りんご酒十二滴を加え、よくかき混ぜ、温かい場所に二十四時間保存する。チーズクロスを通して凝乳から液体を切る。残ったものがスキール。

冷たいスキールは冷たいオートミール・ポリッジ（スキール二：オートミール一の割合）と混ぜ、赤砂糖やクリームと一緒に食べることもある。これはフライリンギュル（Hræringur）と呼ばれ、たいていは古老の食べ物となっている。

レシピ⑥
「ママのアイスランド・パン」
［製法］
　カップ二杯のミルクを沸騰間際まで熱する。溶けたバター大サジ一杯、赤砂糖半カップ、焼けつくような熱さの糖蜜一カップ、茶さじ一杯の塩を加える。なま温かくなるまで冷やす。茶さじ二杯の砂糖が溶かしてあるカップ四分の三のなまぬるい湯に二パックの乾燥した酵母を加える。混合物にミルク混合物を付け加え、白い小麦粉（または完全に小麦だけ）四杯とグラハム粉四杯を、一度に一杯ずつ徐々に加える。よく練り合わせる。大きさが二倍になるまで温かな場所で膨れあがらせる。穴をあけ、ふたたびバターを塗った鍋でパンの形にする。さらに、ほぼ二倍の大きさになるまで鍋で膨らませる。四十五分間、三百五十度で焼く。三個のパンの出来上がり。
　糖蜜の量で味は違ってくるし、またパンの使用方法に応じて糖蜜の量も変わってくる。パンをルルピルサ（rúllupylsa）と一緒に使う場合は多量（一カップ）、日常使用する場合は小量（四分の一カップ）とする。

スヴァンヒルデュル・シーギュルドソン 十二歳
秘密の日記より

レスリー・ピーターソン

叔母マーガレット・エッガートソン・マンローのために

一九五〇年十一月六日　月曜日

日記ちゃん

　私たちは今日、学校でかわいらしいチャーリー王子のことを習いました。私、ジャコバイト（一六六八年の名誉革命で王位を追われたジェイムズ二世［スチュアート王家］の支持者―訳者注）になろうと思ったの。昔に生まれなかったのは残念。ミラー先生に今日、王位にふさわしい後継者がいるのですかと伺ったら、インターレイクにはいないとおっしゃた。

　ミラー先生はアンという名前なの。Annじゃなくて、eをつけてAnneといいます。スヴァンヒルデュル（Svanhildur）もアンに似ているわ。後にeじゃなくてヒルデュルがついているけど。ウィニペグではなくて、シグルネス（Siglunes）で生まれると、こうなるんだって。

　薄毛のヨナソン（Jonasson）が今日もまた私のおさげ髪をインク壺に浸けたので、ブタといってやりました。そしたらブタみたいにふんと鼻を鳴らしたの。だからまた貪欲の、吸血鬼の、保守党の、魚買い人と言ってやりました。薄毛はずっと鼻をならしつづけていました。ミラー先生が二人とも相手に謝りなさいといいました。薄毛はごめんといいながら、うまくいくように幸運を祈るしぐさ（人さし

指の背に中指の腹を交差させて十字をつくる─訳者注）をしました。

　クリスマスに新しいドレスを注文してもいいとお母さんがいったので、十八ページにのっているピンクのドレスが欲しかったのだけど、エルジー・エッガートソンも注文するんですって。だから夕食のすぐ前にイートン・デパートのカタログを探したら、エイナルが持っていたわ。フランネルのシャツを見ているところといったけど、デイヴィッドが女性の下着を見ていたよといったわ。お母さんは新しいソックスを編み終えたばかりだった。エイナルが欲しければあげてもいいよといわれた。二人とも外に出て薪を割るようにとお父さんにいわれたの。エイナルはイートンのカタログを持って出ていったわ。

　フリーダおばちゃんがイースターに私をウィニペグに招待してくれなければ、死にそう。

　追伸　夕食には羊肉の缶詰。

一九五〇年十一月七日　火曜日

　日記ちゃん

　ヨナス（Jonas）おじさんがきています。八時です。みんな台所に座って紙巻タバコを巻きながら、コーヒーをすすっています。ミラー先生なら我慢できないんじゃないかしら。先生は＊『赤毛のアン』を読んだって。だれよりもくわしいの。＊＊ギルバート・ブライズは決してコーヒーを受け皿に移しては飲まないんだって。＊＊＊ジャック・ロンドンは角砂糖をぜったい歯の間にはさまないのよ。私はシグルネス学校の図書室の本は全部読んだわ。全部で十冊なの。＊＊＊＊アイヴァンホーだって読んだわ。アイヴァ

ンホーは決して角砂糖をすすりはしないわ。これでわかるでしょう、ね。

ママは私にはやくアイスランド語が読めるようになりなさいってうるさいの。私たちはこんなに大きな箱のなかにはいっているエリクソンちの本から始めて、それを読み終えたらハルデュルソンちに渡すことになっているのよ。ママと父さんとそれにおばあちゃんはもうぜんぶ読んでしまったのよ。私には宿題があるからね。たえず両親にはそういっています。

薄毛のヨナスソンは大きらい。わけは聞かないでね。とっても腹がたって、いえないわ。

追って：また羊肉なの。ママはね、果物は明日までとっておくっていうの。太っ鼻のアレックスが子供のころはいつも干し草を食べていたっていうの。アレックスはたったひとりの使用人なの。とても信じる気にはなれないわ。

訳者注―
* 『赤毛のアン』(Anne of Green Gables)：カナダの作家 L.M. モンゴメリ作の、カナダの東海岸プリンス・エドワード島が舞台になる長編小説。孤児院暮らしのアンがカスバート家の養子となり、いろいろな騒ぎを起こしながら成長していく物語。
** ギルバート・ブライズ：小学校でアンの友だち。のち医学生となり、卒業後、十四年越しでアンと結婚して、医師として活躍。
*** ジャック・ロンドン（米国の作家 1876-1916 で、『荒野の呼び声（The Call of the Wild）1903』は代表作の一つ。
**** 『アイヴァンホー』(Ivanhoe)：サー・ウオルター・スコット作の 12 世紀の英国を舞台の歴史小説（1819）。アイヴァンホーは主人公の騎士の名前。

一九五〇年十一月八日　水曜日

　日記ちゃん

　アイスランド語の本はちっとも正しく理解してもらっていません。＜リットラ・グューラ・ヘイネン（Littla Gula Heinen）＞を例にとってみると、＜小さな黄色いめんどり＞という意味なのに、以前は本当にこの本が好きだった―幼いころのことだけど、あとになって気がついてみると、「小さな赤いめんどり」と思われているのです。ここらあたりではなにを学ぶにも厳格にやらないと駄目なのよね。

　ヨナスおじさんは私のいとこのシッガにカンカン。七十回目の誕生祝いにアイスランドに行くつもりなのに、娘のシッガもいっしょに行くというのです。おじさんは年寄りのとんまで、おじさんくらいの年の男が計画していることなんか娘のシッガにはわかりっこないって母さんはいってる。おじさんが考えているのはコペンハーゲンじゃなくて、レイキャヴィークだって誰か教えてあげないといけないねってパパはいっています。お父さんはどうしてコペンハーゲンなんて言ったんですかってミラー先生に聞くと、先生は来年八年生になれば、私はデンマークの勉強をすることになるのよとだけしかおっしゃらない。みんな私に勉強させたいのか、させたくないのか。

　ビョルンソン先生は私に明日までに＜田舎の庭＞（Country Gardens: 各種の楽曲が含まれるピアノ練習曲集。オーストラリア出身のピアノ奏者、作曲家のグレインジャー＜P.A.Grainger、一八八二―一九六一＞編。特にこの方面で有名で、代表曲は『羊飼いの呼び声』―訳者注）を手拍子をとりながら練習しなくちゃ

ねとおっしゃっています。八分音符を一拍に数えて、拍子をとるのはむずかしくって。フリーダおばちゃんたら、試験に合格したら、ウィニペグに行ったときアップタウン映画館の夜の試写会にこっそりつれて行ってあげるからねだって。うまくいかないことは分かっているわ。第一、試験に失敗しなくても、多分ゆでた羊肉を食べすぎて死んでしまうわ。アンマ祖母さんは今夜羊毛をクシでけずってるわ。暗記しているアイスランドの詩を口ずさみながら。詩とか物語とかね。好きなのね。

多分わたし、雑記帳に二回か三回、「ヒルディ・シーギュルドソン（Hildy Sigurdson）はかわいらしいチャーリー王子を愛している」と書いたことがあるんだけど、そしたらそれを薄毛のヨナスソンはシグルネスの男の子たちみんなに見せてしまったの。だってわたし、エルジーからそうなさいって言われてたのよ。

一九五〇年十一月九日　木曜日

日記ちゃん

今日もいやな一日だった。私がスコットランドの歴史に興味をもっているって、お父さんはミラー先生からいわれたの。だからお父さんはまたボビー・バーンズ（Bobby Burns：Bobby は Robert の愛称。ロバート・バーンズ＜一七五九－一七九六＞はスコットランドの抒情詩人。恋愛詩・自然詩・風刺詩を主としてスコットランド語を用いて作った。「蛍の光」のメロディーはバーンズの詩「Auld Lang Sine＝Old Long Since」に曲をつけたもの―訳者注）の本を取りだして、座って聞きなさいと私にいったわ。もう二度と先生の黒板消しはしないから。お父さん

は詩を五編も読んだわ。長い詩なの。それはそれとして、タム・オー・シャンター（Tam O' Shanter「シャンター村のタム」。酒好きのタムが魑魅魍魎と遭遇する物語詩―訳者注）ってどんな名前の人？何にせよ、デイヴィッドもエイナルも一緒に聞かされたのよ。やはり、私はジャコバイトにはならないことにしたわ。彼らはほんとうは英語が話せないこと忘れていたのよ。

それからビョルトンソン先生におしかりをうけて、手の甲をたたかれたの。私の「カントリ・ガーデンズ」は荒れはてた砂漠みたいねといってたけど、とてもおかしい。

ヨナスおじさんがまたお見えになった。お母さんと一緒にこの地域の親戚の人たち全部のリストを作成していて、アイスランドに持っていき、アイスランドからは向こうの親戚全員のリストをもっと多く持ち帰る仕事をしているの。お母さんはね、お父さんにはリストを作らせようとしないの。だってお父さんはきらいな人がいると、リストからはずしちゃうからね。ヨナスおじさんはカメラをアイスランドに持っていくとおっしゃっているわ。戻ってこられたら、岩や毛深いポニー（pony：背丈が一.五メートル以下の小馬の総称）の写真を百枚くらい見ることができるわ。おじさんは多分運良く火山の噴火が見られるでしょう。ミラー先生はインターレイクには火山はできないと思うとおっしゃってるけど、先生にだってわからないことがあるはず。

あすは歴史のテスト。試験勉強ができないわ。いろりにノートを投げ捨てたんだもの。

追って：今夜もハードフィッシュよ。気分転換にはなる

けど、正確にいうとホッとしない。

一九五〇年十一月十日　金曜日
日記ちゃん

かわいそうなチャーリー。気の毒だわ。ほかの人はみんなおかしいと思っているけど。太っ鼻のアレックスは特にそうだわ。今日アレックスが干し草を積む荷車に乗って畑に行くとき、チャーリーは後をついていったの。チャーリーはよくそうするのよ。とっても人なつっこいんだもの。何も起こりそうもない今日の午後、恐ろしい悪夢がふりかかるなんて、あの生き物は思いもしなかったでしょう。運がわるかったの。（私、夕食の間ずっとそのことを考えていました）

畑から帰る途中、荷車の車輪のタイヤが一つパンクしたの。鉄砲の弾がとんできたとチャーリが思ったとしても無理はないわ。チャーリーってとても傷つきやすいブタなの。かわいそうに、おびえてキーキー鳴いて家に逃げて帰ったの。庭に駆け込んだときもまだキーキー鳴いていたわ。いまにも頓死（とんし）するんじゃないかと思っていたのね。できるなら優しい人の膝の上で死にたいと思ったのね。みんな笑っていたわ。でもとてもむごいことよ。お父さんはフォークをずっとおろしたまま、「猛烈にあえいだり、鼻をならしたりしていたのはお化けか何かに追われているとおもったからだよ」といってたわ。つぎに太っ鼻は羊肉をのどにつまらせながら、「バンシー（banshee＝女妖精）のようにキーキーと泣いてたな」（女妖精が大声で泣いて家に死人がでるのを予告するという。アイルランドの民話で、家族に死人が出ることを恐ろ

しい泣き声で予告する女妖精。長い髪をして、緑色の服とグレイのマントをきている。アイルランド語でban‐女‐shee‐妖精‐はban sidhe‐妖精の丘‐から派生―訳者注）といってたわ。全部、夕食中のお話。でも本当は息をつまらせたことは一度もなかったの。ずっと。つまり、同情からそうしたのね。それにしても、つらいことだったわ。夕食後チャーリーに会いに行ったの。まだすっごく動揺していたわ。ねー、日記ちゃん、人間はどうしてあんなに鈍感になれるのかしらね。

　だれか薄毛のヨナソンを撃ち殺してください。

一九五〇年十一月十一日　土曜日

　日記ちゃん

　いい知らせがあるわ。私たちは明日アッシャーンのインバおばちゃんとジョリンダーおじちゃんのおうちに行くのよ。インバおばちゃんちには電気冷蔵庫があるの。ウィニペグでお料理の本を買ってるの。台所に羊肉の缶詰なんかないわ、本当よ。私たちがアッシャーンにいっているあいだ、太っ鼻のアレックスに干し草を好きなだけ食べられるわよといってやったら、めんどりみたいにクックッと鳴くのは止めろっていいかえされちゃったわ。

　悪い報せもあるの。お母さんがアイスランドの本をもう１冊手に入れて、私に一日に二十ページ読むようにって言うのよ。＊クリスティン・ラヴランスデッテル（Kristin Lavransdötter）という本なの。どういう意味かよくわからないけれど、なにかアイスランドの古典のはずよ。少なくとも今まで読んだところ、黄色い鶏はでてこないわ。

＊クリスティン・ラヴランスデッテル：作者シグリ・ウンセットは一九二八年ノーベル文学賞受賞者。デンマーク生まれのノルウェー人女流作家 Sigrid Undset 一八八二－一九四九の、十三世紀末から十四世紀初頭のノルウェーが舞台となる歴史小説。主人公は小説のタイトルと同じで、田園地帯の裕福な荘園経営の娘クリスティン・ラヴランスダッテル（Kristin Lavransdatter）。両親及び夫との葛藤・対立から、カトリックの信仰により慰めと和解を見出す三部作。プロテスタントが存在していなかった中世時代が背景となるが、単なる歴史情報を扱ったものでなく、一個の女性の屈曲した魂の生涯に作家自身のカトリック観が投影され、あらゆる時代に共通する感動的な作品。個々の作品は Kransen（王冠、一九二〇）、Husfrue（妻、一九二一）、Korset（十字架、一九二二）。なお、作品はアイスランド語にも翻訳されている。

一九五〇年十一月十二日　日曜日

　日記ちゃん

　そう、アッシャーンへ行ったわ。コーヒーケーキ（香辛料・くるみ・干しぶどうなどの入ったケーキで、コーヒーとともに供する―訳者注）、クッキー、ファッジ（砂糖・バター・牛乳・クリーム、ときには木の実も入れた柔らかい菓子―訳者注）、シナモン（香辛料）を使ったバン（小さな丸い菓子パンで、ドライフルーツなどが入った甘いケーキの一種―訳者注）がでたわ。デイヴィッドはいつものように食べ過ぎ。意地悪い男の子が考えるのは食べ物のことばかり。私がくだらない本を読んでいるって、エイナルは言うの。エイナルに言ってやったわ。読んでいるのはアイスランド語の本で、イートン・デパートのカタログよりずっとましだって。

　ところで私はとてもひどいことをしてしまった。偶然なんだけど、クリスティン・ラヴランスデッテルを二十ページよりちょっと多く読んでしまったの。そしてこの本は嫌いだと言っても、母は聞いてくれないの。

デイヴィッドとエイナルはパパがもっているビング・クロスビー（Bing Crosby: 米国の歌手・映画俳優一九〇四－一九七七。White Christmas「雪のクリスマス」一九四二、Going My Way「我が道を行く」一九四四は代表曲―訳者注）のレコードをかけ、それに合わせて歌っているわ。チャーリーに聞こえないのはいいことね。聞こえたら、もう殺されるって本当に思うでしょう。これから下に降りていって、アンマの隣に座るの。少なくともアンマが読んでくれる詩は弟たちのよりいい響きがするから。

　追って：私たちは昨日ジョリンダー叔父さんの金物店でチョコバーを買ったの。今度羊肉を食べるときのためにお金は取っておこうっと。

ウィニペグ湖で遊ぶ子供たち　一九二五

回想のギムリ

デイヴィッド・アーナソン

　私はギムリで育った。それは開拓者の時代から現代までの新旧交代の転換期であった。父はウィニペグ湖の漁師であった。私の幼少期のことでいちばん最初に思い出すことは秋になると硫酸銅（駆虫剤・染色剤・防腐剤として使う銅の硫酸塩で、通常は青色の結晶だが天然にも産する―訳者注）液に浸したあと地下室の壁に掛けておく魚網や、釣り糸に結び付けてあるコルク製浮きに塗った塗料ワニスや、さらには船外機付き小型ボートのガソリンなどの激しい臭いがあたりに立ち込めていたことであった。父は三十年代の不景気の時期に、アームストロング漁場で魚をおろして切り身にする仕事をしていた。夜明け前に自分の網を引き上げると、暗くなるまで切り身にする仕事をしていた。箱から魚を取り出し、切り身にするのだが、その素早い動作に手の輪郭もぼけて見えるほどで、父の包丁さばきの巧みさには驚嘆させられるばかりだった。当時の魚網は綿でできていたので、湖水の中に放置することはできなかった。引き上げて、芝生の上に広げて乾かしておき、次に使うときにはあらためてまた設置する必要があった。漁閑期には＜シーミング・オン（seaming-on）＞と称して、薄くて軽い地引網の一方を木製の太い針で側線に結びつけ、さらにもう一方にはコルク製の浮きや鉛のおもりを付けて引っ張ってあった。

　ギムリの埠頭は当時本当にわくわくするような場所であった。ゴールドフィールドとかキーノラといった船名の

巨大な船がウィニペグ湖のなんとなく謎めいた北側で獲れた魚を入れた箱を下ろしに定期的にやってきては、漁師たちの小舟と並んで停泊していた。（小舟はウィニペグ湖ではすでに姿を消していた小型帆船と区別して、ガスボート［特に自動車のエンジンを転用したガソリン・モーター・ボート］と呼ばれていた—訳者注）北の方から船着き場に入ってきた船にはいつもインディアンや何か月も故郷を離れての重労働で、お祝いをしてもらいたい気分になっている男たちが乗っていた。

　貨物列車後尾の車掌車は軽い骨組みとタール紙（屋根の下張りにタールをしみこませた紙を用いる—訳者注）でできていた。冬期には馬がこの車掌車をウィニペグ湖まで引いてきた。車掌車はストーブで温められていた。また、奇妙な煙突が車両から突き出ていた。その中には、人夫たちが網を氷の下に沈めるのに必要なたがねやさまざまな装置なども保管してあった。風変わりな漁師の傍には橇と犬たちがいた。のちに新しい科学技術がじわじわと入ってくると、余剰軍用品として放出されたブレン大砲運搬車を改造した輸送船が湖上に見られた。私はまた、アイス・プレーンと呼ばれる奇妙な考案品も覚えている。それは航空力学を利用した小さな小屋のようなもので、飛行機のプロペラーを使って動くいくつかのスキーの上に載っていた。今日でも奇を衒っているようにみえるだろう。全体が黄色一色ではなかったと思うが、いくら思い出そうとしても他の色は思いつかない。

　私たちの家族が漁業と農業で生計を立てていたのは他の多くの家族と同様である。骨の折れる仕事はトラクターを使うようになっていて、鍬で耕作するときは馬を使ったの

で、私は馬と友達のようにして育ったといってもよい。干し草を刈り取ってかき集めるのに馬を使い、大きな乾草堆を作るのに耕運機の除草づめや脱穀機付属の麦わら積み上げ器を使った。干し草をピッチフォーク（干草を投げ上げる二～三叉の農具）を使って乾草堆に積みあげ、吊り上げ機で納屋の二階の干草置場に上げた。納屋は赤色や白色で塗ってあったが、当時の立派な納屋はそのようになっていた。日に二度乳をしぼり、冬場には納屋の厩肥をシャベルですくって荷物運搬用の橇に載せて厩肥置場まで引いていった。

一九四八年にギムリ地区の農村地帯に電気が通った。それ以前は各家とも灯油のランプを灯し、薪か石炭を燃して炉で家を温め、薪を使う料理用レンジの上で料理した。五十年代半ばまで水道設備はなかった。私の家に水道がついたのは近所では早いほうであった。それまで利用したトイレは屋外にあり、昔のイートンやシンプソンのカタログが置いてあった。私は苦行僧のような厳しい躾けをうけた。私と同世代のものでトイレに長居するものはいない。セントラルヒーティングが備わったずっとあとでも、凍傷になるのではないかという恐怖心は続いている。

一八四〇年代及びずっと下って一八五〇年代になると、間違いなくギムリには民族図が出来上がってきた。商店でも街頭でも英語よりもアイスランド語やウクライナ語の方がよく聞かれるようになった。センター通りとメイン通りの角にあるレイクサイド商社では、釘や馬具から焼きリンゴや掃除道具にいたるまで、なんでも買うことができた。そこは＜ないものはない＞という言葉にたがわない何でも屋だった。ここでは商取引の言葉はアイスランド語だった。

一ブロックほど離れたカスプスキーさんの店では、もっぱらウクライナ語が使われた。両親は私を含め兄弟姉妹がアイスランド語を話すのを望んではいなかった。私たちが移民だと思われるのを望んでいなかったからだと思う。一九四〇年代には、ヨーロッパからの難民がよく目についた。彼らは不運な目に遭遇したのに、カナダ人社会では仕事の面を含めて大いに脅威だとみなされた。誰も＜D.P.＞（displaced person の略語で、戦争・圧制のために故国を離れた人、難民―訳者注）とは思われたくなかったのだ。いずれにしても、私は祖父母から教育を受けたが、いわばこっそりと練習して、百姓言葉や動物に話かけるときに使う表現が上手になった。しかし他のことはまったく駄目だった。私は今でも農家で四歳児とアイスランド語を話すと、とても安らいだ気持ちになる。

　私たちの教科書は主として大英帝国の書物で、寛大な英国に支配された世界、まごつかせるほどに継承されてきた王や女王が居住した世界を思い起こさせてくれる。そういった教科書は臆面もなく人種差別主義的で、英国王にたいして愛国主義的で、五十年くらいも時代遅れになっていた。私たちはもはや存在しない世界に住むような教育を受けていたわけである。実にあっけにとられる世界だった。教科書にのっているブリテン（英国）は火星であっても不思議ではないくらいだった。もちろんギムリには、ブリストー一家（the Bristows: 一九六二年に London Evening Standard 誌に初登場した新聞漫画および同名の主人公で、うだつのあがらないサラリーマンのオフィスでの日常生活が描かれる。英国の漫画家フランク・デイキンズが制作した―訳者注）は別として、イギリス人は

一人もいなかった。そしてブリストー家の者は異なる人種間の結婚をしており、イギリスの流儀をつらぬいたのではコミュニティのどこでも支持は得られないので、アイスランド人以上にアイスランド人らしいと思われていた。

幼少のころのいちばん古い記憶は第二次世界大戦とチク

エスピホウルの乳牛と一緒のフレッド・アーナソン。
写真はテリー・テリゲセン・アーカイヴズのヘルマン・
アーナソン・コレクションから

チクする空軍服を着ておかしげな帽子をかぶった叔父たちだ。私も配給手帳をもらっており、そのため自分は少し偉い感じがした。とても大事にしていたクーポン券をなくしたとき、とてもうろたえた思い出がある。そんな気持ちを払拭しょうと小さな軍服を着た。ゴーグルをきちんと着けて、頭にはぴったりの 飛行機操縦士の帽子をかぶり、半ズボンという出で立ちで学校の教室に登場すると、クラスの男たちから羨望の的となった。ゴーグルはプラスチック製で、零下三十度の天候ではすぐ曇り、ひび割れしてしまったが、そんなことはおかまいなく私はかけていた。

　話題はいつも戦争のことばかり。後でわかったことだが、この戦争の善し悪しはアイスランド人コミュニティでは割れていたのであった。私の親戚の多くが軍服を着ていたため、勝つために私たちの家族も正装するという気持ちが強かった。実際、両大戦中、カナダのアイスランド人の方が祖国の人よりもずっときっぱりとした忠誠心をもっていた。アイスランド本国は歴史的にドイツとつながりがあったのだ。第一次大戦中はアイスランドはドイツと敵対する同盟軍に魚、羊肉および羊の皮を供給して未曾有の繁栄を誇った。総じてカナダ系アイスランド人は自分たちの新しい国に忠誠心を持つべきだと思い、人数に比べて不釣合いなほど多く入隊したのである。ローラ・グッドマン・サルヴァーソンの著書『ヴァイキング・ハート』(貧しい移民の娘として生まれ、非アングロサクソン系ではカナダではじめて人気を博した作家サルヴァーソン［一八九〇－一九七〇］が、一九二三年、移民の観点から移民について書いた小説。後述「アイスランド系カナダ文学」参照―訳者注) はアイスランド人のそういう責任の強

さと悲劇を思い起こさせてくれる。第一次世界大戦に反対した人たちは戦争は英国の問題であって、アイスランド人が戦争で死ぬなんて馬鹿だと文句をいっていた。第二次世界大戦は第一次世界大戦ほどには欧州戦争とは思われていなかったが、カナダ人は必要もないのにこの欧州戦争に引き込まれていった。アイスランド系カナダ人は自分たちがアイスランド人というよりむしろカナダ人だと考えるようになっていた。そのうえ、ヒトラーとナチズム（ドイツ国家社会主義）は明らかに道徳的に危険で、文明を蝕む想像もできないガンだから、根絶しなければならないと考えていた。ヒトラーと闘うことはヒトラー以外の者と戦うことではなかった。憚ることなく明示できる悪魔が外国にいた。私たちはみな一緒になって、かかってこいと叫びながら大騒ぎしていたのである。

　ギムリのアイスランド人コミュニティにおける戦争の大義の受けとめ方はさまざまであったが、しかしコミュニティ自体は平穏であった。地元では犯罪はほとんど起らなかった。実際のところニュー・アイスランド憲法ができた時も、おそらく法を破るものはいないだろうという仮定のもとに、刑法の規定は設けなかった。アイスランド系カナダ人の子供の養育は寛大で、尻をパンパンとはたかれたり、ガミガミ叱りつけられることもめったになかった。五十年代までギムリでは施錠されている家は少なく、アルボルグやリヴァートンではもっと少なかった。錠を備えた家も少なかった。今日でも施錠しない家が少なからずある。一八九六年に当地生まれの祖母が回想して、旅人が食事と寝る場所を探しながら夜遅く戸口に姿を現わすことがよく

あったと言っている。家に女主人しかいなくても、旅人が門前払いを食うようなことはなかった。こんな状態が普通だったが、災厄は何一つ起らなかったと祖母は記憶している。

そして私たちは成長するにつれてニュー・アイスランドの知識も増えていった。アイスランド人は自分たちの系図にたいへんな関心を示す。もちろん先祖の経歴にも興味がある。ニュー・アイスランド創設の歴史は、私の祖父母が執念を燃やした関心事だった。今ではどうやら私もそれに取りつかれているようだ。長年、ギムリの学校の管理人だったインギ・ビャルトナソン（Ingi Bjarnason）は、放課後、何年もの間、アイスランド語とニュー・アイスランドの歴史を子どもたちに教えた。ほんの少数の子どもたちだったけれども、両親はこのようなことは当然知っておくべきだと考えたのである。

その学校にはステファンスソン（Stéfansson）女史も住んでいた。彼女は一九一五年にマニトバ大学を卒業後、文字通りその学校と町の管理・監督者となり、五十年間にわたって教育、知性、道徳心の大事な根源となった。私たちは英語とフランス語（パリの人々は私のアクセントに面食らってしまうけれども）を習ったわけだが、一九六五年以前にギムリの学校を卒業した生徒で、彼女と特別親しく交わったことを思い出さないものはほとんどいない。彼女は強力な、知性あふれる女性で、アイスランド人とアイスランド系カナダ人コミュニティ双方の特徴を併せ持った女性だった。初老期に入り体が弱くなると、バスに乗ってワシントンまで行き、市民権運動に参加してデモ行進をした。

これは私たちが依然として重要だと考える徳義に傾倒していた表れである。彼女は結婚したことがないといううわさが立ったが、それは第一次世界大戦で恋人が悲劇的な死をとげ、その思い出に忠実でありたいと望んだことによるものだった。今となっては知る手だてもないが、私もその見解を信じたい。それこそが彼女の本懐であろう。

　私の母も影響を受けた一人の強力な女性教師の話をいくつかしてくれた。その女性はサロウメ・ハルドウルソン（Salóme Halldórson）といい、ウィニペグのアイスランド人私立学校ヨウン・ビャルトナソン（Jón Bjarnason）・アカデミーで教鞭を執っていた。母は小学校で二学年飛び級した才気縦横の女性で、十一歳の時、学校で最終学年の八年生を終了したほどである。ちょうどそのころ母の父親が思いがけなく亡くなってしまった。母は一年間学校を離れたが、兄弟たちが相当の犠牲を払って翌年ウィニペグの学校に就学させてくれた。そこでサロウメ・ハルドウルソンに出会う。ハルドウルソン先生はフェミニストとしてのはしりであった。厳格な知性の持ち主であり、厳しいことを要求する、元気のいい教師だった。ハルドウルソン先生は引き続きマニトバ州議会の社会信用党（生産技術の進歩により増大した富は社会の資産とするC.H.Douglasの社会経済理論を綱領とする右翼の人民政党で、一九二〇年に結成—訳者注）の党員及び「Voice of Women」（正式名 Canadian Voice of Women for Peace [VOW] で、一九六〇年成立。カナダ全州にメンバーを持つ無党派・無政府の、暴力と戦争に反対する組織。五十年以上に亘って世界の平和と正義の促進に対して女性が責任を行使する手段を提供してきた—訳者注）の初期のサポーターであった。

アイスランド人コミュニティは常に女性による貢献を誇りとしてきた。一八九〇年代にギムリ出身の女性グループがフェミニスト（男女平等主義）の初期の雑誌『スヴァーヴァ（Svava）』を発行した。また、アイスランド人の女性たちはマニトバ州の婦人参政権運動で傑出していた。ギムリで最も人気のあった市長の一人ヴィオウレット・エイナルソン（Viólet Einarson：一九七三-二〇一四）は市政に女性がわずかしかいなかった時代の市長である。アイスランド・サガにはたくましく自信たっぷりの女性があふれていて、カナダ系アイスランド人は遺産とか伝統の話をするのが好きなのである。とはいっても、開拓者としての経験から、男女ともに昔からの行動様式にしたがうことを強いられた。ギムリの女性たちは、カナダの他地域にいる姉妹たちに負けず劣らず差別されていると感じていたのである。

しかし昔から、教育と文化はカナダ系アイスランド人のコミュニティではとても重要であった。ギムリ創設以来二〜三年内に新聞二誌が発刊されたが、これは自慢していいことだと気づいたのを覚えている。私の知っているアイスランド人の家庭には書物が一杯つまった本棚がいくつかあった。読書は単なる娯楽ではなかったのである。書見は人々を教化してくれるものだった。町の住民はクリスチャンソン家を非常に誇りに思っていたが、それはたった一家庭から五人の兄弟たちが学術博士号を授与されていたからである。私は小学一年生だったときのことを忘れない。視学官のメンジーズ氏が未婚のソウルザルソン先生の担当している総勢五十一人の私たちのクラスで、ここにいるもの

のうち将来うまく大学に進学できるのはわずか三人だろうといったのである。そのころまでに教育の目的とは何であるかを吹き込まれていた私は、若いころの思い上がりから、他の二人は誰かな、進学せず家に残るものは何をするのだろうくらいしか気にしなかった。

一九四五年マニトバ州ギムリ、ファースト街の東の中央通

作文は重要だった。詩人があまり尊敬されない時代に詩人になることは素晴らしいことだった。毎年催される北米の＜イースレンディンガ・ダーギュリン（アイスランド祭）＞には、詩人たちがギムリ公園に作られた舞台に上がり、集まった熱心な信奉者たちに自分の作品を読みあげてきかせたものだった。音楽も同様に重要だった。録音したものやラジオを通して持ちこんだ音楽はたいして重要ではなく、地元の演奏家の音楽こそ重要なのだ。ギムリにはスターたちの小さなパンテオン（pantheon：本来は紀元二十七年建造のローマの万神殿；国家的栄誉のある偉人を一堂に祭った墓・記念碑のある建造物―訳者注）があった。

すべてがアイスランド祭で最高潮に達した。この祭りはアイスランド人でなければ発音できない＜イースレンディンガ・ダーギュリン＞と呼ばれるが、私たちのカレンダーではクリスマスよりも重要な日である。　ふり返ってみると、当時私たちが何をしたかを正確には思い出せない。子どもの徒競走には参加した。また両親が二人三脚競争や袋競争（大袋に両足を入れてピョンピョンと飛び跳ねる競争－訳者注）に出たときの滑稽な姿も眺めた。子どもはホットドッグを食べ、コーラを飲んだが、うちの両親が食べたのはハードフィッシュだった。たいていは私たちの方から訪ねていったが、遠くから訪ねて来る風変りな従兄弟たちや、遠い昔、転居した家族ぐるみの友人の子供たちもいた。私たちはカルチャー・センターやビジネス・センターを訪れ、ヴィーナルテルタやルルピルサやスキールを食べた。静かで単調なアイスランド語の詩にも耳を傾けた。少なくとも当日、私たちは宇宙の中心にいると確信した。だれにも唯一訪ねてみたい場所があった。それはギムリであった。

一九五六年　ギムリの商業漁業

トルネードとシングヴァトラ・ルター教会
写真はウェイン・グドムンドソン提供

二つの白い教会

ウェイン・グドムンドソン

ヴィーキュル・ルター派教会
ウェイン・グドムンドソン氏写真提供

「もう食べてもいい？」と、車が南ムーアヘッドのわが家の車道から出ると、兄と私は聞く。

「空港を過ぎてからね」と、ノルウェー人の母が答える。空港はまだバックミラーに映っているのに、紅白のマイカー五十年型シボレー（米国製の大衆車）の後部座席は、ピーナッツバターとジェリーサンドイッチがたちまちパンくずと化し、あれやこれや入り混じったゴミくずで汚れてしまう。

「ねえ、マウンテンまであと何キロあるの」と私たちは

語気を強めてたずねた。

「三百キロというところかね」

「ウエー」とため息。車中の苦行は続く。

振り返りもせず、「白い教会二つ、過ぎたらそこがマウンテン」と、母は歌の文句を繰り返す。

ようやく道路の東側に頑強なシングヴァトラ・ルター派教会が見えてきた。が、風情がない。その真北の自然石の記念碑だけが目にとまり、台座に K.N. ユリウスのブロンズの胸像が浮彫りになっている。(K.N. Júlíus = Kristján Níels Júlíus Jónsson、一八六〇－一九三六：アイスランドで生を受けた風刺詩人。筆名 Káinn [カウイン] 一八七八年にカナダ・マニトバ州のウィニペグに住んだあと、米国のミネソタ州のダルース、次いで入植地がいくつかあるノースダコタ州のシングヴァトラ群区に居を構える。彼の詩は祖国と米国で有名。後述「アイスランド系カナダ文学」参照—訳者注) 知っているのに、私たちは「あの石の墓碑の男は誰なの」とまた聞く。アイスランド人である父は車が確実にマウンテンのすぐ近くにまで来ているということのみならず、追慕の気持ちもあって、微笑を浮かべながら「あー、あれは K.N. 爺さんだ。墓掘り人夫だったね。便利屋でもあったし、詩人でもあった」という。

私たちは小峡谷沿いに進み、ちょろちょろと流れる小川を渡って、左手のボルグ老人ホームのそばを通りすぎ、最後に大きく右旋回して、マウンテンの幅広い本通りにやってきた。五十年代でも、マウンテンに戻ってくるたびに、また一つ会社が倒産し、別の一家族が引っ越し、またあらたな死人がでたことを知らされた。しかし六歳の子どもでもこのような見聞に深い興味をもったことは当然なことで

ある。同様に、私たちの遠出の終点であるヴィーキュル・ルター派教会の松の木の材木が白いペンキで化粧しなおしたことには興味をもった。

パウトル・ソルラウクスソン（Páll Thorláksson）尊師の信奉者たちは新しいコミュニティの建設用地を探していたが、尊師は一八七八年、仲間の賛同を得て、結局レッド・リヴァー・ヴァリー盆地の西端の岩の多い高台を選択した。一八七九年の秋までにはほとんどがニュー・アイスランドのギムリ出身者で占める約五十家族がこの地域に定住することになった。そこはペムビナ・エスカープメント斜面のふもとで、土地は痩せていて雨の降らない高台であった。アイスランド人たちはパフィン（ウミスズメ科の潜水性の海鳥の総称―訳者注）のように、東側に北米最高の農地を眺めることができた。

一八八二年ソルラウクスソンは三十三歳で他界した。米国最古のアイスランド教会ヴィーキュル・ルター派教会にソルラウクスソンは土地を寄付していて、そこの共同墓地で、今日、彼の墓石は周りの墓より飛び抜けて大きい。

マウンティン・キャッシュ商店から道路をはさんで向こう側の、ヴィーキュル・ルター派教会からは小峡谷を少し越えたところにバイロンさんのバーがある。その対角線に私の祖父母の家が立っていた。私たちはいつも黒パン、チーズ・サンドイッチ、ヴィーナルテルタ（レシピ④参照）、ペンニュケーキュル（レシピ②参照）などの食べ物で歓待された。兄も私もクレイヌル（レシピ①参照）には目がなかった。笑い声や生き生きした会話でいつも活気があった。祖父のクリスはかつては乗り物（貸しボートや自転車）のレ

ンタル業に携わり、のちにマウンテン初の中古車販売を始めたが、昼食のあと、私たちをマイカーにさっと押しこんで、家々を次々に巡回訪問してあるき、いつ終わるのか果てしがなかった。しかも、出かけると必ずアウルニ（Árni）とローザ（Rósa）とジョンソン夫妻の農場に立ち寄った。

いつものような前置きの会話のあと、男たちと女たちは水と油のように別れてしまう—子供たちは、年令にもよるが、自由きままな仲介人となり、会話のはずんでいる二つの陣営の間を自由に行き来した。

ローザが主人役を務め、水面下にいるかのような軽快な動きで、調理用コンロと冷蔵庫、それにコーヒー、パン、菓子などが置いてあるテーブルの間を往ったり来たりした。その間ずっと、私たちが大きく育ったこと、あらたに出会った人のこと、私の祖母のスティーナとは最高の友達であったことなどを話したものだった。みんな息を殺していた。四十年後ローザは九十歳後半になっていたが、『ところで、おまえさんは誰だったっけ？』と三回も聞きかえすものだから、彼女の娘が「ここにいるのはエディーの息子よ」と付け加えることになる。

私がK.N.のことを聞くと、ローザは次のように答える。「ああ、わかった。K.N.爺さんだね。パイプの柄で立派な口髭をとかしていたっけ。何でも詩にしちまうんだよ。町から歩いて戻ってくると、いつもここに立ち寄って、コーヒーを飲ませろっていうんだわ。そうさね、ここから一.五キロほど南のギアというところに住んでいたんだよ。寝室は二階にあってね、そこからは教会がよく見えた。その教会で墓掘りをしていたね。ところで、おまえさんは誰だっ

け?」

　私が初めて詩の手ほどきをうけたのは、アウルニ家の人目につかない酸っぱい臭いのする家の片隅だった。男たちは代わるがわる K.N. の詩をアイスランド語で朗唱し、大事なところではなるほどとうなずき、息を吸いこみながら小さい声で「そう、そう」と言うのであった。時には腹が痛くなるほど大笑いをしたり、大声でどなることもあった。「おまえさん、こいつはいい詩だ。だが K.N. が歩いて帰る折、通りかかりの T モデル車に泥をひっかけられたって話を聞いたことがあるかい。K.N. は即座にその男に文句をつける詩を作ったんだよ。こんな調子でな ....」

　そこにいた大勢のなかに、「アメリカ人になる」ように育てられたためにアイスランド語を全然知らない私たちのような若者がいたので、いくつかの詩が英語で朗唱されることもあった。私が聞いた詩で覚えている一番初めのものは私の父が群衆に向かって朗唱した「バーニング［炎上］」だった。

バーニング
　今私は両手を聖なる書に置いて
　それを火中に投げいれる。
　主は与えた、主は受けとめた ;―
　悪魔は「聖なる煙」とこれをいい、
　―私は思考を凝らして黙考する。

　大人になれば許されることもあるんだなと六歳のころ思ったことを覚えている。つまり、友人と一緒に座って、

謎めいたことばを話したり、住民、政治家それに教会を揶揄してこれを朗唱し、楽しむことである。

しかしその当時でも、立派な詩は K.N. の母語の中に収まっているということは当然わかっていた。K.N. の処女作『クヴィズリンガル (Kviðlingar)』(警句的な短い風刺詩) は一九二〇年にウィニペグで出版された。リチャード・ベック編集の『クヴィズリンガルとクヴィディ (Kviðlingar Og Kvœdi)』(風刺詩と詩) は一九四五年にレイキャヴィークで上梓された。そしてトウマス・グヴューズムンドソン (Tómas Guðmundsson) 編集の『ヴィスナボウク・カウインス (Vísnabók Káins)』(カウインの歌の本) は一九八八年に出版された。いずれもアイスランド語で書かれていた。K.N. は崇敬に値する人物で、その作品はアイスランドでも記憶されているくらいだが、マウンテンで生活した大半人生は馴染みのごくつぶしとして大目に見られたのである。K.N. の作品の特徴は宗教とは無関係なコミュニティの世俗の良心を扱っていると同時にまた盛時の開拓者の町の活力をも記録していることである。

アウルニ・ジョンソンによれば、一九二〇年代にはマウンテンで欲しいものは何でも手にはいった。コミュニティの人々の足となった鉄道、消防署、賭けの玉突場、ホテル、雑貨店、貸し馬車、銀行、酒場などが揃っていた。他所に行く必要などはなかった。今日の最大の事業はと言えば、ボルグの老人ホーム、次いでバイロンのバーくらいなものである。

私にとって当時のマウンテンは二つの白い教会の墓地に埋葬された人たちの霊魂のなかに存在する。このことは今

日のマウンテンにおいても大方はその観があるのである。

　訪問するたびに町の西方にある丘まで足を伸ばしたものである。頂上に着くと、祖父のクリスはシボレー（後のフォード車）の向きを反対方向に変えて停めたものだ。大人の会話が絶え間なく吹くそよ風にのって漂ってくるのだった……。「カフェーは閉まっているよ。やはり＜オーガスト・ザ・ジュース＞（August the Deuce：マウンテンで八月一日～三日に実施されるアイスランド祝典で、アイスランド遺産と文化の促進と維持を図る―訳者注）は熱狂的で、レイキャヴィーク出身の新任の牧師オウラヴュル・スクーラソン（Olafur Skúlason）もどうしてなかなか立派なもんだ」という。そんなとき祖父のクリスは「えーと、どこまで行くんだったかな」と言って振り向くと、後部座席の孫たちは黙って耐えているのだということを知るのだった。どうしようかと迷った挙句、ブレーキは解除され、クラッチがはいり、私たちはその場を離れる。車はスピードをあげ、急勾配のでこぼこ道でバウンドし、なげだされそうになって、アドレナリンが噴出する。あっけなく坂道の下に到着して、やむをえず車はスピードをおとす。電話線の電柱のそばを通り、小峡谷に入ったり出たりしているうちに、郵便ポストに少しずつ近づいて、ようやく静止する。

　今日では、森林は伐採され、上り坂は拡張され、でこぼこが平らになり、沿岸道路は舗装されている。それでも、おとなの会話やシャッターのカチッという音がして、生後二か月になる娘のリヴを抱いて私のそばに座っている妻のジェーンに「えーと、まだ大丈夫かな」と聞く。ブレーキの解除とクラッチの操作をして、目印となる馴染みの建物、

いつか見た標識や看板の前を徐行で通りすぎてマウンテンに入り、古ぼけた AOUW（Ancient Order of United Workmen の略称。米国・カナダの友愛会組合で、米国の南北戦争後、共同の社会的・財政的支援を行う組織。ここはノースダコタ州ファーゴの本部の建物で、一九一四年創建 —訳者注）ホールを通過して、斜面を下り、一時停止標識を通過して、果てしなく広がる空き地に出て、町から一.五キロ下手で停止する。クリスがいたら、新記録だと言ってよろこんでくれたはずだ。

ノースダコタ州マウンティンの本通の突き当り
ウェイン・グドムンドソン氏写真提供

ミネオタのアイスランド人

ビル・ホルム

　旧世界でも新世界でも、アイスランド人はあまり記念碑を残していない。両世界とも記念碑の数は少ない。財産の蓄積、大聖堂や大邸宅の建築、自然などの征服を記念する凱旋門の建造等にアイスランド人の天才が発揮されることはなかった。旧世界の氷、火山灰、孤立、新世界の蚊、冬、土手の決壊に示されるように、自然に対してアイスランド人はいつも敗北を喫していた。彼らは建築に芝土や安っぽい材木を使い、建造物は人間が死ぬまで持ちこたえられなかった。真の記念物と呼べるものは言語、物語、名声、神話、二、三の人名のみで、目に見えぬ世界に属するものばかりである。アイスランド人といえば宗教、哲学、道徳といったものを連想させるが、これらは永続性のある世界であり、外形でない真の内実である。

　私の生地はミネオタである。年配のアイスランド人は私が子供のころ、ここはアイスランド人の町だと称していた。なんといっても、そこにはアイスランド人が住んでいたのだ。それだけでもミネオタがアイスランド人に相応しい場所となるわけだ。町の人口の三分の二か四分の三を占めていたノルウェー人、ベルギー人、ドイツ人、アイルランド人やそれ以外の人たちは抗議して声を張り上げることはなかった。たとえそうしたとしてもなんの利益があったろうか。アイスランド人は耳を澄まして聴こうともしなかった.....。

これは少々誇張であるが、人間はみな住んでいる場所や人種に関係なく、自分たちが宇宙の中心と思い込みがちである。人間は知的面では欠点と言ってもいいほどに唯我論者なのだ。互いに干渉する権利のない事柄に対して相手に怒り、わめき散らす行為や戦争の裏にはこの種の自己中心主義が隠れている。軍事力や経済力と連関すると、日常の性向がむき出しになり、血なまぐさく破壊的な行為に至る。しかし、アイスランド人の場合は言語以外のどんな支配力とも無関係なので、会話であれ書面であれ、心的傾向は漫画的で小気味よいほどに一風変わっていた。

　私は四十歳のころ生地のミネオタに戻ってきたが、そこは地上のいかなる場所に譬えるべくもないほど素敵な場所に思われたのである。人間という観点から移民という語の隠喩にぴったりなのはアイスランド移民である。帰郷してしばらくの間は私の少年時代の地元の記念碑の大部分は損なわれることなくそっくりそのままだった。私はきまぐれな＜大遊覧旅行＞と決め込んで、観光客を次のような場所へ案内して回った。つまり、古風な円形の素敵な納屋、一八九〇年代そっくりの呉服店、本が一杯つまった書棚と共に未だ俗化していなくて教養ある年輩のアイスランド語話者の一世たち、風の吹きさらす丘に建つ孤立した愛らしくも古色蒼然とした田舎の教会などである。十五年を経て、年齢、死、また経済的矛盾がそういった物すべてを摘出してしまい、私の大遊覧旅行は完全に空想上の仕事になってしまった。ラジオや新聞を利用すれば、盲目の人のためにだってそういった類のことは遂行できる。それは小石、新聞、缶詰商品の世界から消えてしまい、神話というエーテ

ルの固形物に変貌してしまった。

　最後に訪れたのはリンカーン郡アイスランド教会で、今年一九九四年の三月十一日のことだった。この教会は閉ざしてから二十五年になる。アイスランド人は頑固なくせに決して信心深くもなく、結婚や繁殖を怠るか、そうでなければアイスランド語のいい需要地があり、石ころも転がっていなくて薊(あざみ)も生えていない都会へ子供を送りだしてしまう。二、三の窓は雹(ひょう)を伴う嵐でひびが入り、補綴用にベニアの合板が貼ってあった。ブリザード（猛吹雪）が大部分の下見張りに激しく打ちつけ、白いペンキが剥がれていた。表口からちょっと離れた、風雨に曝されたポーチ（屋根付きの張り出し玄関）は腐敗している。傲慢な雑草が礎石の間から首をもたげている。この教会の真北の墓地に土地を所有していた地元のアイスランド人は不要な—といっても素敵な教会だけれども—記念物となってしまっている教会の修復に金を使うか、それとも自然倒壊か焼失する前に壊すかのどちらかの選択を迫られた。リンカーン郡から第三の選択の申し出があったので、住民はそれを受け入れた。つまり、その教会を二十二キロばかり西のサウスダコタ州との州境のヘンドリクスにある郡博物館に一ドルで売るというのだ。三月のよく晴れた寒い朝、教会から永遠に礎石が取り外され、郡道を堂々とした行列をなしてゆっくりと新しい敷地まで移動した。今日、その隣には昔ながらのバスの発着所と田舎の学校および農場主の家がある。この教会の教区民は移転前の人々と同じことをなしてきたが、教会はもはやアイスランド的と呼ぶべくもない。その意義や結果がどうであれ、真にアメリカ的なものになっている。

アイスランド移民の商業的大成功として、七月四日に旗で飾りたてたデパート。
新翼が建増された一九一五年以前の撮影。南西ミネソタ州歴史センターの好意による写真。

一九二〇年ごろアイスランド・ミネオタ・イートンデパートの内部。
一九〇〇年の到達水準を表わし、同様な状態が一九七五年まで続く。
南西ミネソタ州歴史センターの好意による。

教会がなくなったあとに残ったのは「風景の中にできた一つの穴」だと詩人のトム・ヘネンが言っている。それは本物の穴であるが、それにもかかわらず「その穴の中を通って、また戻って来られる」のである。古のアイスランド人の詩人もアメリカの超絶論者（transcendentalists：米国のエマーソンに代表されるように、経験よりも直感的・霊的思考を重視する先験的哲学者—訳者注）も共によく知っているように、目に見えないものが常に存在するのである。

このリンカーン郡の教会は十九世紀に創建された三つの教会のうちの一つで、一八七五年にミネソタ州西部に到着したアイスランド人移民の文化的・宗教的面の需要を満たしてくれた。一番目に到着したのはグンレイギュル・ペッテュルソン（Gunnlaugur Petturson）という農夫であった。ウインスコンシン州で一度試みて、ミネオタの北東の農場へやって来た人で、アイスランド人初の＜土地取得者＞となった。その直後からミネオタ地区に移動してくるアイスランド人が増えた。

一八七八〜一八八二年は開拓移民が大量に発生した年で、新世紀に入るころには、真の目的をもった移住は終了した。二十世紀に入ると当地の開拓移民と紛う移住者が少々入ってきたが、ミネオタとその周辺のタウンシップ（郡の下位行政区の「郡区」）は、基本的には一九〇〇年に現在の形になった。その後の移民の状況は、あるアイスランド人に言わせれば、アメリカの他地域へ下り坂を滑降しているようだ。

アイスランド人を海洋北極圏から大陸の亜北極地帯へと移動させたのは何だったのか？頑固一徹に千年も続いてき

た言語、文化、山、羊、歴史を人間がなぜ捨てられるのだろう。土地取得者は今や全員死んでいるので尋ねようがないが、おそらく食料、土地、それよりももっと安逸な未来だったのだろう。ミネオタのたいていのアイスランド人の場合、移住の第一の理由は一八七五年のアスキャ（Askja）火山の噴火による大災害であった。流れた溶岩がイェーキュルダール（Jökuldal）の大部分を埋めつくし、降灰に牧場は汚染され、アイスランド北東の到るところで羊は死滅してしまった。ミネオタ移民の大多数は［武具湾］の意の孤立した小さな入江「ヴォプナフィエルジュル（Vopnafjörður）」（vopnaはvopn「武器」の派生語。fjörður「フィヨルド、湾、峡湾」—訳者注）およびその真南のラーガルフリョウト（Lagarfljót）近くのフィエーラズ（Hérað）の農場の出身者たちであった。移民をいっぱい乗せた船はセイジスフィエルジュル（Seyðisfjörður）を急ぎ後にして、リヴァプールへ向けて出帆し、次にケベックに向かい、そこからウィニペグまで長時間列車の旅をして、その後は荷車か二本足の歩行となったのであった。彼らがミネオタ周辺に土地を買うか、または入植したとき（ホームステッド法によって入植者は自作農場が与えられる—訳者注）、不動産業者の役目を果していた鉄道会社にたびたび詐取された。彼らはミネオタの西方のリンカーン郡の田園地帯のウエスターハイム郡区に教会をいくつか建てたが、ミネオタにはもっと立派な本山となる母教会を創建した。アイスランド人の牧師たちを雇って、キリスト教の教義について議論した。カナダとノースダコタ州のアイスランド人の中にはルター派を離れてユニテリアン派（三位一体説に反対し、キリストの神性を否

一九一四年大商店の山車(だし)。ティッシュ、バラ、祝祭の三角旗で飾ったスポーツカー。
南西ミネソタ州歴史センターの好意による。

定するプロテスタントの一教派—訳者注)になったものもいたが、ミネオタでは寛容の説に反対し、キリストの神性を否定するプロテスタントの一精神は、ユニテリアン派になっても、依然としてルター派のままだった。ミネオタは宗教上の自由思想家、異説論者、異端者たちの故郷となった。これは教会が本来あるべき姿である—意見が正しいからではなく（正しい意見の内容は関係ない）、魂の休まる家なのだ。彼らは（当然のことだが！）その地域では最初の書店をはじめ協同組合の店を作ったが、多くは農場から徐々に離れて、商業ではなく言葉の世界に邁進していった。彼らは＜ミネオタ・マスコット＞という自治体の新聞を興し、自分たちで原稿を書き、印刷し、それはミネソタ州の小さな町の、影響力のある優れたウイークリー（週刊紙）

の一つとなった。コミュニティの大きさに比例しないほど多くの弁護士や裁判官を輩出した。お金を貯金して大変頭のいい子供たちを教員やジャーナリスト養成の大学に行かせた。雄弁術や演説法の技能を使って、市長・州の議会議員・役人などの政治家になったものもいる。欧州で、休むことなく精力的に旅して回るアイスランド人の歴史が露わになっている―冒険や成功を追求してアメリカやカナダ中を動き回るが、ときには単に絶えず動き回るだけで故郷に帰り、三か所あるアイスランド人墓地のどこかにお世話になっただけの場合もある。

彼らはいそいで英語の学習を始め、隣人を困惑させないように名前を英語風に読むようにした。キャルタン・エズヴァルズソン（Kyartan Eðvarðson）はチャーリー・エドワーズ、ビャルトニ・ヨウンスソン（Bjarni Jónsson）はバーニ・ジョーンズ（Barney Jones）、ヨウハンネス・ハルドウルスソン（Johannes Halldórsson）はジャック・フロスト（Jack Frost）、グリズヨウン・グンレイギュル・ヨウハンネスソン（Griðjón Gunnlaugur Jóhannesson）はジョン・ホルムと改名した。子供たちには、昔のヴァイキングの名称に代えて、イーオー（Io）、オリンピア（Olympia）、ヴォルテール（Voltaire）といった古典や文学に登場する人物の父（祖）の名を採った名がつけられた。祖国で昔から受け継いできた父称名は止めて、ストーン（Stone）、ヨクル（Jokull）、ホルム（Holm）、ベンソン（Benson）、ジョンソン（Johnson）、イーストマン、ギルバートソン、ストランドといった市民権を得ている名前を採用した。ほとんどがエピスコパリアン（司教制度の教会派）に属する、

ワスプ（アングロサクソン系白人プロテスタント―訳者注）名だった。

　彼らが欧州大陸の略奪者としての評判を捨ててから何百年も経て、今度は移住した国のために再度闘うようになった。北米に辿り着いてから二十年も経たないうちに侵略してきたスペインから米国を守るために戦地に赴いた。さらに二十年後には、欧州に塹壕を掘るために、ベルギーやフランスの最前線に進向した。「パリー見物」をしたあとは大挙して農場を離れ、他人種と結婚して故郷に舞戻り、古きものを埋葬し去るための訪問にすぎなかった。思うに、アイスランド人は作物を収穫する農業がすこしも好みではなかったのだ。彼らは動物の見張りに長けた人種であり、それを辞める羽目となったのは、定期的な草取りや播種といった退屈な仕事に追いやられたためであり、その結果、比較にならないほど大々的に言語を使って世界に進出するに至った。今日ではアイスランド系の農場のほとんどはベルギー系の人のものとなり、その所有者は羊についての素材や詩歌の題材としてよりも、土壌のことをもっと深刻に受けとめた農場主の孫たちになっている。

　彼らはちょとした文明を作ったといってもいいが、いつまでも続いたわけではない。私の誕生年の一九四三年はその終わり頃になっている。ミネオタに居住していた年寄りは日常の考え方も言葉も明らかに米国人にはなりきっていなかったし、頑固な変り者という感じがして、私はとても好きだった。アイスランド人はまだ「大商店」ミネオタ・イートンとミネオタ・デイトンの二つのデパートの所有者だった。彼らは新聞「マスコット」を運営し、市長にもなった。七月四日のメモリアル・デイ（戦没者追悼記念日＝

Menorial Day：多くの州で五月の最終月曜日。一般に公休日。もと南北戦争戦没者記念日―訳者注）と学校の卒業式には、ジャーナリスト兼政治家として成功したヴァルディマル・ビョルンソン（Valdimar Björnson）や高名な弁護士のシドニ・ギスラソン（Sidney Gíslason）などのアイスランド人がスピーチをした。金を儲けたり土地を買っている移民もいる一方で、アイスランド人たちはたいてい町のために討論をし、執筆をした。それは「言語」人として生きている私の人生と少なからず関わりがあるように思うのである。

　信じがたい数のアイスランド人が一度も結婚していなかったので、時には独身の男女のいる大家族ができあがってしまうことがあった。なぜだろうと、長年にわたって問合わせてきた。返ってきた返事はまるで万華鏡だ―内向的な性格、結婚相手はカトリック教徒ではなく、アイスランド人だと無理強いする両親、年老いた両親への義務、無気力、恐怖、頑固さなどその時々で変わってしまう。これといった確たる答えは出てこない。しかし、その結果として、ほんの片時、このささやかな文化が花開き、徐々に歴史と思い出の中に消えていった。ここは訪ねてみても悪くはない、静かなところだ。

　かつて騒々しかったが、隆盛をきわめ、上首尾だったミネオタのアイスランド人移民の文化で、今も残っているものに何があるのだろうか。アイスランド人の教会、今はとっても年老いた教会の信徒たちは頑固でしたたかに日常生活を送っている。教区の新住民はアイスランド人ではないし、アイスランド人にあまり興味も抱いていない。これも当然のことだ。大商店は今も立っているが、売店は中古家具の

物置になっている。二階の古いオペラ・ハウスは半ば役割を終えて、町の博物館となっていて、いまは活気がない。二、三の農場をいまでも長男が耕作していて、彼らが感じるのは祖父の土地を受け継ぐちょっとした義務と喜びである。いくつかの名前が薄くなった電話帳をまだ飾っている。ギスラソン（Gíslason）、ヨセフソン（Josephson）、マグヌーソン（Magnúson）、オウスマン（Ousman）、アスクダール（Askdal）、ラヴンソン（Rafnson）、ホーフステイグ（Hofsteig）、グフトルムスソン（Guttormsson）、グヴューズムンドソン（Guðmundson）などを電話帳で探し出すことができる。二分の一か四分の一、または八分の一、アイスランド人の血の混ざった人—カトリック教徒も含めて—もかなりの数になる。彼らは自分たちがアイスランド人だといって自慢しているけれども、私にはなにか皮肉めいたものに感じられる。

　米国に定住していることが変なんだ。そのようにアイスランド人は言い張る。十九世紀及び二十世紀初頭に、黒人の血が一滴混じっても、法的・社会的には黒人であったように、同じく一滴血が混ざっていてもアイスランド人になってしまうというのは奇異である。黒人の血とアイスランド人の血を受け継いでいる知り合いが私には二、三人いる。彼らにしてみれば、なんというひどい心の葛藤であることか。しかし、何といっても米国人には違いないのだ。米国ではこれで通用するのだ—ふさわしい名前で呼ばれているかどうかは別問題であるが……。

　まだ幼いビル・ホルム少年の話が残っている。—彼の周辺ではほとんど消滅してしまった故郷の家に戻って—非論

理的な比喩を作るべく家庭に戻って、それはこの地球上でもがいている人間の歴史のなかで、たいていの場合、取るに足らぬことをもちあげることになるのであるが、カルフォルニアでもトロントでもこんな比喩は必ずしも理解されないであろうが、それでも私はそんな譬え話を作り上げるのだ―時間つぶしのために。私は時折考える、これは遺伝学上の呪いであろうと、同時にまた祝福でもあろうかと。―東方のフィヨルドから出てきた誰かよくわからぬ化け物のようなアイスランド人が、くくみ煙草のくっついたその超自然的な口ひげを私の耳元に押しつけてつぶやく、「何か言ってくれ―何でもいい。ただ言語は誠実に守って、なにごとも完全に消去してしまっては相成りませんゾ」と。

現在ミネオタのアイスランド人たちは歴史を純化させようとしているところであるが、その歴史が奇妙な形で時折彼らを悩ませている。アイスランドへ移住したドイツ移民のクリスチャン・ギュンター・シュラム（Christian Günter Schram）は、亡き最初の妻と最初の家族を祖国に残して、すでに五十代に入っていたのに、一八八〇年代にミネオタに移住した。そこで再婚し、新たにたくさんの子供をもうけ、大工兼商人として働き、成功を納め、欧州の精神が長く湿った塹壕に埋没しかけていた一九一四年に、高齢で没した。私が子供のころのシュラム家の唯一の幽霊は貧乏で変人の老婆サラ・クラインだった。シュラムの甥の一人が彼女の子供をもうけたが、その甥の墓はミネオタの真南のアイスランド人墓地に眠るシュラムの大きな白い墓石の斜め向こうにあった。サラはいわばバッグレディー（有り金を全部買物袋に入れて街や公園をうろつく年輩のホームレスの

女性―訳者注）で、タバコの吸いさしや、役に立ちそうなゴミをあさりながら、寂しい落ちぶれた人生を送った。私は母から彼女にキスしてアイスランド語で挨拶するようにと命じられた。そして彼女が五十年代に亡くなったとき、葬式で私は歌を歌った。シュラムというのはもう使われない名前だと考えたけれども、そんな名前に出くわしたのはその時だけである。でも一九七八年にアイスランドに行ったとき、ブリンディース・シュラム（Bryndís Schram）という名前の美しい女性に出会った。彼女はアイスランドの美人コンテストの元女王で、ほどなく女優となり、有名なアイスランドの政治家の妻となった。あるパーティーで世間話をした折、米国で同名の墓石を認めたことがありますよと言うと、「お宅はミネオタの出身でしょう。あれは私の曽祖父です。私はアイスランドで亡くなった最初の妻の子孫なのです」という言葉が返ってきた。

「世間は狭いですね！」私は利口で機知に富んでいることを言ったが、いつものように、月並みな言葉こそ真実なのだと内心ひそかに思った。

今年は一九九四年で、あの邂逅から十六年になるが、クリストヤウン・グナンル・シュラムという若者がミネソタ州の教区牧師館にやってきて、ミネアポリス出身のエリザベス・ナンベルグというアメリカ人女性と結婚式の手はずを整えた。クリストヤウンという名前は彼の曽祖父の父からもらった名前（紛れもないアイスランド語の綴り）であり、血筋と歴史が自分と繋がりのある北アメリカ唯一の場所で彼は結婚したいと思った。そういうわけで、六月の晴れた風の強いある日の午後、古風なアイスランド人教会に

はシュラムという名前の持ち主が多く参集した。初めて移住したキリスト教徒たちはこのアイスランド人教会の建築の手伝いをして、ここで礼拝をした。また埋葬されるまでの葬儀もこの場所だった。この教会は旧世界と新世界、過去と現在、歴史とメタファー（比喩表現）を繋ぐ最高の掛け橋となった。

私たちはここミネオタのアイスランド人として終わることには我慢がならない。ウォールト・ホイットマンの＊＜草の葉（Leaves of Grass）＞の場合と同じく、決して終わることなく、違った世界からの新しい歌が聞こえてくるのを待つのみだ。最終的にはその歌の意味が解明されるであろう。

このエッセイといおうか、説教といおうかを終えるにあたって、「米国のアイスランド人たち」と「アイスランドの一アメリカ人」という二編の詩を添える。これらの詩はこのエッセイの意図を形を変えて述べている。多分これはアイスランド人であるということ、つまりそれがうまくいって、次にそれがなにか他のものに変わってゆくまで、目にしているものが何であるか絶えず言い続けることが何を意味するかということなのである。

＊『草の葉』：米国の詩人・随筆家・ジャーナリストであるウォールター・ホイットマン（Walter Whitman 一八一九－一八九二）が一八八五年に発表した代表的な詩集。若い頃、印刷見習工、教師、フリーのジャーナリストとして働いたり、南北戦争に志願看護師として従事した経験が作品の素地を作った。著者名も記さず自費出版した九十五ページの叙事詩「草の葉」は、長い序文と十二篇の無題の詩を収めるのみだったが、以後一八九二年に到るまで九回ほど改訂と増補を重ねた。各版には時代の風潮とこの詩人の思想の変化がうかがわれる。い

かなる社会的制約にも縛られず、霊魂は肉体とは切り離せないものとして、霊と肉の合一をたたえた。「草の葉」とは、ホイットマンが自らの詩を生命力あふれる名もなき雑草の葉になぞらえたものである。日本には夏目漱石が紹介した。(訳者注)

詩二篇：ミネソタ・ミネオタのアイスランド人移民

ビル・ホルム

I 　千歳の年月，時を経て、
　　沼沢・氷河におおわれた
　　ヴォープナフィエルジュルのかの人は
　　再び祖先の大地より
　　あるは珈琲豆を追い求め、あるは大地を渇望し、
　　あるはついに何気なく、己が故国を後にして、
　　奴隷も連れず、財もなく
　　荒野も拓かず、ひたすらに畑を耕し、愚痴をたれ、

　　共和党に投票し、党員たちを罵倒して、
　　男女平等夢に見て、わずかの者が縄を手に納屋に向うも
　　その外は一人消え去り、一人逝き、
　　数年すれば故国(ふるさと)の臭いもつとに消えて去り、
　　次の世代は隣人の名にも露わな異国臭；
　　巻き舌アールも知らぬ間に咽の奥へと滑り落ち、
　　喉彦アールに変音し、夢もついに実現し、
　　今や男女の平等は飲酒の後と疫病の
　　手かぎが深く脳髄に食らいついたときばかり。

Ⅱ　第三の世代の者に残された
スィート・ケーキと小話しと、わずかばかりの言の葉の
意味するところ消え去って、心の墓碑のその下に
埋めて滅びるアメリカの先住民の卑俗語は
1にマイヤン、2にピーコッド、3にペノブスコット、
さらに続くは4にマンディンゴ、5にデラウェア系のスウェーデン。
初めの言葉は失われ、別な言語を手にしたか？
貧困と詩歌と魚の言の葉のその代りにと
商売と脅迫の語を手にしたか？
6『ボディースナッチャーの侵入』は、
夜の小部屋で「種子の鞘」開いて、
己れの体とは区別もつかぬものとなる。
頭脳は別のものとなり、記憶も失せて、
喜怒哀楽も失われ、本人でさえもなくなって、
最後はついに完全な米国人になるなんて、
それはこんなことなのか？

1：中米原住民のマヤ族　2：米国コネチカット州南東部のインディアン　3：米国メイン州のインディアン　4：アフリカ西部ニジェール川上流地域の黒人　5：デラウェア族は米国東部デラウェア州の一種族　6：ジャック・フィニー（Jack Finney）原作（1955）の空想科学小説『盗まれた街（The Body Snatchers）』に基づき、「ホラースナッチャーの侵入（Invasion of the Body Snatchers）」のタイトルで1956年映画化され、1978年および1993年にも改作・再上映されたスリラー映画。あらすじ：サンフランシスコで標的にされたある人間が眠っている間に、異星人によってある巨大な植物の鞘の中で、粘液性を持つ繭状態から喜怒哀楽の感情をいっさい持たない完璧なコピー人間にされ、やがてだれも気がつかないうちに、町中の人間が全員異星人にすり替えられてしまう。（訳者注）

一九九〇年頃ミネソタ州のミネオタ。米国に帰化したアイスランド人二人。
新世界での十五年後、バーニー・ジョーンズとその妻ステファニーア・ジョーンズ
ビル・ホルム氏の好意による。

レイキャヴィークのヴェトナム料理
テン・ジーとヨウン（Jón）に代わって

ビル・ホルム

（ボートピープル［小船で祖国を脱出する漂流難民をいうが、特にヴェトナム戦争後の南ヴェトナム人難民を指す―訳者注］がアイスランドの空港に着いたとき、アイスランド赤十字は彼らに赤いバラ一本と覚えやすいようにアイスランド語風の名前とを与えた。移住者は思い起こしてもらえるようにその名刺を常に携帯した。）

　　私の半分の大きさの男、ひきしまったオリーブ型の顔
　　敏捷な体つき、名前をグンナルという
　　この新天地で　覚えることも
　　発音もできない　この名前。
　　ニンニクの前で浮足立ち、乾いた皮をすり落とし、
　　平たいナイフで芽を摘み取る。
　　「ジュースをこれで」と　ブロークンで言って、
　　にこりとほほえんで、自分の名前は知っているが、
　　赤十字のコールテン・パンのポケットに
　　ブロック体で黒々と
　　「グンナル」という名もしかと書き、

　　中華鍋の湯煙りの、ナイフ二本の働きで
　　ニンニクの芽は切り取れば
　　白雪のごと沸き立って

油の中で跳ね上がる。彼はうなずき、
その次に積み上げられたタマネギや
キャベツ、豚肉、エビの山。
グンナル、アイスランドの中庭で
ブロッコリの茎を切り、
「これは全くだめだ」とぼやいたり、
「だがこれはいい」とほめそやし、
彼のナイフの手さばきで
薄緑色のブロッコリはたちまち薄い紙となる。
愛する女のためならば
その青白い薄片にだれでも品よき筆跡で
「君美しく、わが命」といとしさ歌う習わしの
グンナルは鍋のなかをのぞきみて、
そこに見出す何ものか、言葉を超えるたましいを。

われらは述べる片言で、相身互いの胸の内
感謝と称賛　口にして
地球はまことに稀有なもの！
われらをすんなり受け入れて
来たる民、出ずる民、極北の厨房で、
言葉に代って食べ物をわれらに与えてくれもの。
一つの言葉が消え去って　次の言葉はまだいまだ
生まれ出てて来ぬものを、
三番目のは：ゴマ、＊コリアンダー、ニンニクの
匂い混じりの茹で上げた魚のにおいすみずみに。
外は卑し心の風が吹き、
デンマークの海峡過ぎって散り散りに

ドアの側柱、海上を吹き抜ける
冷たく塩辛い潮風よ、水はわれらをどこなりと
彷徨(さまよ)うままに連れ運び、
またまた元に連れ戻す。

*コリアンダー（coriander）：地中海地方原産のセリ科の植物で香味料や消化剤となる（訳者注）

ヨウラスヴェイナルを見たことがあるか？

リー・シムズ

ステファン・テルゲセン挿し絵

　アイスランドの遺産にはこれから説明する十三名のヨウラスヴェィナル（Jólasveinar：クリスマスの巨人、小人のときもある）のような奇妙な生き物の伝承が豊富にある。次に説明するのは子供や気持ちの若い人で、想像力の豊かな人向きである。ヨウラスヴェイナルは二十世紀の初頭には、たとえばラングルスなどのような北米のコミュニティでは、あちこちの家族で話題にされたものである。サンタクロースには精神的な要素と胸をわくわくさせる興奮とがついてまわるが、ヨウラスヴェイナルの行為を別の角度から語れば、アイスランドに昔からつたわる遺産の意味も刷新され、クリスマスに異なった局面を付加することになる。

　世界中には魔法の力を持つ多種多様な珍しい生き物が目撃されている。一昔前には特にこのようなことも言えた。しかし、誰でもというわけではないが、人によっては今でも小さな人・妖精・いたずら好きな小鬼・小人・魔女・巨人を目撃する場所がある。これまで言い習わされてきたことではあるのだが、その存在を信じない人には見えない。子どもが「妖精なんか信じない！」と言うたびに、そういったごく小さくて華奢(きゃしゃ)な生き物は悲しくなって青ざめてしまい、パッとほこりになって消えてしまう。

　アイスランドは多くの奇妙で謎にみちた生き物―小さな人・巨人・人食い女鬼！―の故郷となっている。グループ

の一つはヨウラスヴェインで、これはクリスマス直前に姿を現す、意地の悪い十三名の巨人たちである。見たことがあるだろうか。アイスランドの田園に出現すると、たちの悪い悪戯(いたずら)をする。

十二月十二日の夜、遅くまで起きていたら、一番目に姿を現す巨人「硬直脚を持った羊の追手(おって)」に会えるだろう。この巨人は羊などの家畜を追っかけて、動揺させたりまごつかせるのが大好き。家畜が駆り集められるのはこの巨人がいるからだ。

十二月十三日の夜には「ジョージ・オーフ(Oaf)」(神隠しにあった子どもの代りに妖精が残す醜い取替え子—訳者注)が登場する。ずる賢い顔つきをして搾乳小屋にこそこそ入ってきて、搾りたての温かい牛乳からクリーム状の泡をこっそり盗んでいく。牛乳の泡立つ魅力は少し消えてしまう、永遠に。

十四日の夕べには「ずんぐりむっくりおちびちゃん」が台所を訪れ、いつも空腹のぽんぽんを満たそうと、台所の鍋全部を盗用して平らげ、おもしろがる。

十五日は背が高くてやせた「スプーン舐(な)め取り」の登場。皮だらけのでくのぼうの巨人といったところ！台所の食べ残しが彼の目当てだ。

五番目の登場は「ポットこすり」で、子供よりさきに残り物を全部たいらげようとする。子どもたちが楽しみにして待つお菓子、プリン、スキール(ヨーグルトに似たデザート、レシピ⑤参照−訳者注)などの御馳走が消える。

「ポット舐め」がやって来るのは十二月十七日。隠れているベッドの下から、ゆっくりはい寄ってきて食べ物を盗

む。腰を低くかがめ、ペット用の食べ物も盗む。

　十八日には「ドア叩き」の音が聞こえそうだ。みんなの睡眠を妨害するのが好きである。

　お腹に乳製品をたらふく詰めこむべく、八番目の巨人のお出座(でまし)。ミルク、チーズ、バター、スキールが消失しそうな容易ならぬ恐れがある。

　「ソーセージ泥棒」は二十日にやって来て、クリスマス用の燻製のソーセージを全部食べ尽くそうとする。燻製のソーセージ、ベーコン、ルルピルサ（ジャムソーセージ。レシピ③参照）、ハンギキィエト（燻製のラム肉）はあっという間に消えてしまう。

　二十一日には十番目の巨人「のぞき屋」がやって来て、子どもたちを脅してプレゼントを盗む。子どもたちがベッドの下に隠れようとすれば、クリスマスのギフトやおもちゃは消えて失せるかもしれない。

　「匂い嗅ぎ」は十一番目。二十二日に到来して、鋭敏な鼻で食べ物の匂いを嗅ぎ、やせこけた体をふくらませる。

　二十三日の宵に聞き耳を立てていると、「肉かっぱらい」が屋根のうえを歩いている音が聞こえるかもしれない。引っ掛けカギを使って煙突を降りてきて、前の晩に残した肉を引っ掛けてすばやくかっぱらってさる。

　最後には「ろうそく獲り」が十二月二十四日にやって来て、子どもたちのろうそくを盗んでしまう。燃え続けたままほったらかしになっているろうそくに我慢がならないのだ。

　どん欲な連中だねえ！やつらのいたずら好きな悪ふざけでクリスマスは台無しになる。食べ物やプレゼントは用心

して片付けておかなくてはいけない。行儀よい素直な子どもにはヨーラスヴェイナルはほとんど危害を加えない。

　ヨーラスヴェイナルはアイスランドの人里離れた山岳地帯ではその存在がよく知られているが、その活動の多くは霧に包まれていてよくわからない。とはいっても、アイスランド人が集団で暮らしていて、ヨーラスヴェイナルの存在が信じられているところでは、どこにでも出現する。マニトバ州の湖岸地区にあるヘクラ島とかリヴァートンといった低地にも居住しているのだろうか？　ラングルス、ウィンヤード、ギムリ、アルボルグ、ミネアポリス、ブランドン、シアトルのマーカーヴィルやその他のコミュニティでも見られるのだろうか？

　ヨーラスヴェイナルはその存在を信じさえすれば、いつでも見られる。気をつけて、いい子にしていれば、害を及ぼすことは絶対にない。

アイスランド系カナダ文学

ヴィーザル・フレインスソン
(Viðar Hreinsson)

—本書はまことに悪魔の戯れ言である。本書の正当なる所有者はヴィージダーリュル(Víðidalur)のシーザ(Síða)に住む農園主ベネディフト・ヨウンスソン(Benidikt Jónsson)である。本書の中味はあんよのシグルズルと小熊の王様のアウスムンデュルのサガ、ヘルマンとヤトルマンのサガ、皇帝の子息コンラウデュルのサガ、ギャーヴァ・ギツネのサガ、フロウルヴル・グートレクスソンのサガ、フェルトラムとプラトーのサガ、ウルヴュル・ウッガソンのサガ、<u>無鉄砲ディーヌスのサガ</u>等々...。

上記文言は通常貧しい移民が北米に持参した夥(おびただ)しい手書き原稿の表題の一つの第一ページ目から抜き取ったものであるが、このような手書き原稿で残存するものはごく少数で、しかもそのほとんどはマニトバ大学エリザベス・ダフォー文庫のアイスランド・コレクションに収蔵されている。ここに収蔵されている原稿は十八世紀と十九世紀のアイスランド人のさまざまな文学活動の特徴をよく表していて、同時期のアイスランド人の読み書き能力が多方面にわたっていた結果で、その識字率は他のいかなる国と比べても高いのである。上述の愉快なロマンスの本には恐らく二、三のリームル（rímur：アイスランドで人気のあった民間伝承の物語詩。十四〜十九世紀に作られ、アイスランド文学を継続させて

きた役割は大きい―訳者注）や詩歌の書かれている別の原稿が同居していたと思われる。そしてこれにはたぶん肉体的な障害を負いながら独学で文字の読み書きを習得したグヴューズミュンドゥル・ベルグソウルスソン（Guðmundur Bergþórsson 一六五七－一七〇五）が書いたものが含まれていたはずである。彼は「詩の魔術師」であったが、自分の体の不具を一度も呪詛することがなかったということが彼の生涯の悲劇である。旧約聖書の詩篇、聖書それに＜ヴィーダリンスポスティラ（Vídalínspostílla）＞は旅行用小型かばんにしのばせる宗教本であった。ヴィーダリンスポスティラは力強い言葉で書かれた比喩的説教本なので、何世紀もの間、読書の夕べの書見でも国民一人一人がこの本のなかに用いられるアイスランド語に目覚めさせられ、これの保存に努めることになったのであろう。

　農業の初歩に関する教則本、ヨウナス・ハトルグリームスソン（Jónas Hallgrímsuson 一八〇七－一八四五：ロマン派の代表的叙情詩人―訳者注）の詩歌集、シーギュルジュル・ブレイズフィェルズ（Sigurður Breiðfjörð）のリームルの本もまた丸太小屋の人目につきやすい場所の小さな書架のなかに安息の場を見出すこととなり、ダフェリン卿の関心を引かずにはおかなくなったのであった。ダフェリン卿は書物以外のものはほとんど何も所有していないこの一風変わった移民のことを次のように情熱をこめて語っている。

「*実際、入植地の小屋に入ってみて経験したことであるが、壁がむきだしになっていたり、家具が乏しくても、二十冊か三十冊の蔵書を所有していない家はただの一軒*

もなかった。また読み書きができない子供もほとんどいないことを知った」(ウイルヘルム・クリストヤンソン『マニトバのアイスランド人たち』(ウィニペグ：ウォーリングフォード 一九六五年版七十四ページ)

写本や古い印刷本は擦り切れて汚れてしまい、勤勉な勉強家の手垢がついている。一見、地味な感じのする書物であるが、アイスランド語研究家兼詩人のヨウン・ヘルガソン (Jón Helgason、一八九九～一九八六) がこういった書物について次のように述べている。

「大英博物館の陳列室には純白か、しみのついた、この上ない美しい絵飾りの、子牛皮紙装丁の書物が見られる。アイスランド人がこれらの陳列室をふらりと歩き回り、イルミネーションを施された諸国の書物を見れば、イルミネーションが不十分で小暗い感じの、たびたび損傷している自国の書物に思いを馳せるだろう。次にぼろぼろになったアイスランドの書物が、他書と比べて必ずしも見劣りしない内容を保っているのは、当然なことだと思うだろう。更に損傷は書物が過去の多くの世代に励ましと喜びを与えてきた証左であり、整理だんすのどこかに未使用のまま眠っていて、紳士の目を喜ばせるためにのみ手に取ってもらえるものなのではないことを思い起こすだろう。(「ハンドリータスピャトル (Handritaspjall)」の翻訳レイキャヴィーク：メニンガルスヨウジュル (Menningarsjóður) 一九五八：二十七頁)

書物を渇望し、学問に情熱を燃やしていた移民は英語の学習を熱望して、入植するとすぐ学校を建設した。深刻な危機の最中に、新聞「フラムファーリ (Framfari)」(進

歩・前進の意。リヴァートンで発行―訳者注）も創刊した。新聞の刊行は一八七六年から一八七七年にかけての冬に準備されたが、この時、伝染病の天然痘が猛威を振るった。第一号の発行は一八七七年の九月十日である。フラムファーリは一八八〇年には財政困難に陥り、発行停止となった。一八八三年には精力的なヘルギ・ヨウナスソン（Helgi Jónasson）によって「レイヴュル（Leifur＝遺産相続者）」が創刊された。レイヴュルの発行は一八八三年の五月五日から一八八六年の六月四日までである。レイヴュルとフラムファーリは、各種のジャーナルや雑誌だけでなく、「ヘイムスクリングラ（Heimskringla 一八八六年創刊）」と「レーグベルグ（Lögberg 一八八八年創刊）」という二つの新聞の先駆けとなった。対抗意識や意見の相違の悪しき慣習がたちまち生まれることになった。レーグベルグは、宗教面はオーソドックス（伝統的）で政治的には自由だったのに、ヘイムスクリングラは宗教面が自由で、政治的には保守的だった。この対抗意識は双方の有力者を動員して、とげとげしい熾烈な論戦にまで発展させ、それは一九三〇年まで続いた。その後、争いは収まり、一九五九年に両紙は合併して、現在「レーグベルグ‐ヘイムスクリングラ（Lögberg‐Heimskringla）」名で孤軍奮闘している。

　新聞のおかげで知識、ニュース、有用な情報、それに政治的、宗教的および個人的な議論、文学、文化が得られた。英字新聞からアイスランド語に翻訳された新聞が発行され、アイスランドでも人気があった。実際、アイスランドのノーベル賞受賞者であるハルドウル・ラフスネス（Halldór Laxness 一九〇二－一九九八）は英訳の新聞は

子供時代の大好きな読み物だったと公言している。新聞に掲載されたすべての詩歌がアイスランドで大好評だったわけではない。しかしながら、新聞は北米系アイスランド人の文筆家たちがかなりの量の文学を途切れることなく生み出す手段となった。新聞が当初、文学の主要な活躍の舞台になっていたが、直に書物が姿を現してきた。最初の詩歌集は一八八七年に発行された。わずか十四ページの小冊子をヨウハン・マグヌース・ビャルトナソン（Jóhann Magnús Bjarnason 一八六六－一九四五；一八七五年にカナダへ移住、多産な作品を残す―訳者注）が出版し、本人のものとシーギュルジュル・ヨウン・ヨウハネスソン（Sigurður Jón Jóhannesson）およびクリスティン・ステファウンスソン（Kristinn Stefánsson 一八五六－一九一六；一八七三年にカナダへ移住。レイヴュル誌で最も頻繁に取り上げられ、三年間に四十一編の詩を寄稿した―訳者注）の詩三編が含まれている。

さらにヨウハン・マグヌースは散文を出版した先駆者でもあった。一八九二年には、いくつかの短編と二編の詩の入った作品集「物語と詩」（セーギュルとクヴァイジ *Sögur og kvæði*）（Sögur は saga － サガ － の複数；*kvæði*（単・複数同形、詩集―訳者注）が世に出た。彼の物語は古風で単純素朴だが魅力的で、移民が経験するいろいろな側面を真摯に記述しょうと試みている。彼はまた戯曲もいくつか書いている。

アウルトニー・ヒャルタドウッティル（Árný Hjaltadóttir）女史の調査によると、一八七〇～一九〇〇年に新聞と書物に詩歌や散文を発表した作家は優に百人を超すという。ペンネームを用いて書いた多くの人が実名でも書

いているかもしれないので、正確な数字を掴むことは不可能である。多くの翻訳本と同様に、筆者がアイスランド語で書いた詩歌もたくさん印刷された。これはおよそ一万五千人の移民グループが成し遂げた大きな業績である。

　文学は品質を基準として、ひどいものから世界的一流のものまで多岐にわたっているが、当然なことである。文献の大部分が貴重な文化的記録資料であり、数世代におよぶ移民とその子孫が経験したことを綴った雑多な表現集となっている。私たちが新聞や書物で読めるものは夥しい量の拙劣で凡庸な記念の詩や祝祭の詩、甘い感傷的な恋愛もの、自然描写の詩、象徴的な劇、現実主義的・批評的・教訓的・道徳的・諷刺的・象徴的な散文などである。愛国主義的なロマンスや純粋な神話作りの物語、それに新世界で自由と機会を評価する話は、例えばシーギュルビョルトン・ヨウハンスソン（Sigurbjörn Jóhannsson　一八三九～一九〇三）やシーギュルジュル・ヨウン・ヨウハネスソン（Sigurður Jón Jóhannesson）の祝祭の詩の著しい特徴であった。この二人は韻文作りに長けた典型的な農園主で、祭りがあるような時には常に詩作した。＜イースレンディンガ・ダーギュリン（Íslendingadagurinn）＞などの祭りの日には、「ミンニ・イースランス（Minni Íslands アイスランドの思い出）」「ミンニ・カナダ（Minni Kanada カナダの思い出）」「ミンニ・ヴェスチュル・イースレンディンガ（Minni Vestur Íslendinga 米国系アイスランド人の思い出）」を朗唱する義務があった。これはいわば一種の宮廷詩で、「公務上の」理想を表現していたが、移民が経験

した悲劇的で悲惨な面にも文学的な声も必要であった。新世界に入って来た人の皆がみな、大いに称賛された自由をほしいままにしたわけではないし、自分自身の運命を切り開いたわけでもない。約束の土地で富を得ることなく、一生涯、苦闘したものもあれば、道徳的価値観を持ち合わせていればの話だが、それを失ったものもいた。若者は純真な乙女を誘惑し、乙女のなかには自分たちの国籍を恥ずかしがって隠そうとし、誘惑するイギリス人のよいカモとなったものもいた。これは時代に取り残されたアイスランドの辺鄙な谷間からウィニペグというにわか景気に沸く都会にやってきて、竜巻が突然起こったようなめまぐるしい文化的変化にさらされた結果であった。

　ヨウハン・マグヌース・ビャルトナソンは戦いに負けた人々に対して温かい思い遣りを示し、さらに寡黙で強いヴァイキングのように生き残ったヒーローを生き生きと描いた。『大地のグリーミュル（Grímur frá Grund）』や『北米のアイスランド人の語り部（Íslenskur sögunarmaður í Vesturheimi）』のような詩はすべてを無くしても威厳だけは保っている人を表現した傑作である。

　（ビャルトナソンはアイスランド、ノルドゥル・ミューラシスラ、メダルネスで生まれ、カナダ、サスカチュワン州エルフロスで死去。アイスランド入植地のカナダ人作家として最も偉大で多産な作家。一八七五年にカナダに移住。幼児のころの舞台となったノヴァ・スコシア州のハリファックスのマルクランド入植地は処女作の『エイリークル・ハンスソン（Eirikur Hansson）』に結実。一八八九年にウィニペグに、次いでニュー・アイスランドへ移動して人民の教化に努めた。ロマンチックな冒険物語が得意分野であったが、一般にアイスランド系カナダ人としての移民の経験に基づいた作品を書く―訳者注）

グンステイトン・エイヨウルフスソン（Gunnsteinn Eyjólfsson）は風刺のきいたウイットが得意だが、短編小説『エレノウラ（Elenóra；一八九四）』では道徳的崩壊と都会の荒廃を、またある未完の小説の始めと終わりで破廉恥な政治家たちを表現して見せた。短編三部作『私がいかにして地方議会を打ち負かしたか（Hvernig ég yfirbugaði sveitarráðið）』『鉄道委員会（Járnbrautanefndin）』『十分の一税（Tíund）』にはふがいない主人公のヨウン・アウ・ストリュンパ（Jón á Strympu）が登場する。このアンチ・ヒーロー（反英雄）についてのユーモアに富んだ風刺物語には落ちぶれた敗北者が連続して出てくる。

ヨウン・ルノウルフスソン（Jón Runólfsson）は優しく、恋愛好きで、お涙ちょうだいの人物だった。クリスティン・ステファウンソンは優秀な多作の詩人で、恋愛に伴う悲しみと鋭い風刺の両方の表現技能を身につけていた。

ウンディーナ（Undína）というペンネームを使ったヘルガ・ステインヴェル・バルドヴィンスドウッティル（Helga Steinvör Baldvinsdóttir； 一八五八－一九四一；北米で詩をはじめて発表した女性詩人）は詩作に熟達した若い女性で、苦痛と悲しみにあふれた愛の詩を書いた。

シグルビェルン・ステファウンスソン（Sigurbjörn Stefánsson）の娘のヤコビーナ・ジョンソン（Jakobína Johnson）は、自然と人間の環境を優しく愛情をこめて描写し、折れた翼、遂げられぬ欲望というテーマを扱うこともよくあった。

しかし、最高潮はステファン・G・ステファンスソン（Stephan G. Stephansson；一八五三－一九二七；一八七三年北米移住、

一八八三年からカナダのアルバータ州で農業に従事する傍ら詩作する—訳者注）の崇高にして危険なまでに批評的な詩歌だった。ステファンソンの詩は曖昧でいい加減だと言ったのは偽善者だけだった。仕事中に作成して夜の間に書き上げた詩なのに、その知的範囲が広いのには感嘆するばかりである。彼は移民たちの初めての経験を声に出して表現し、それに哲学的な意味を与えた。また比類なきイメージでアルバータ州の風景を描いた。さらに少しも躊躇することなく郷里の同朋を批評し、司祭たちを叱責したのである。最初のうちは西部と東部ではあまり好意的に受け止められていなかったが、晩年になって、彼のような文学を愛好する知的な農夫だけでなく、アイスランドの最も進歩的で将来有望な知識人とも文通によって交流したのであった。

なるほど彼の詩の中には荘厳なあまり、やや頑迷なものもあった。しかしそのような厳しいものと正反対に位置するものとしてK.N.、つまりカウイン・クリストヤウン・ニールス・ユーリウス・ヨウンスソン（Káinn Kristján Níels Júlíus Jónsson；一八六〇－一九六三；Káinn はペンネーム。一八七八年にウィニペグに移住。ミネソタ州、次いでノースダコタ州へ移動して、農業に従事。飲酒癖のある農場労働者で、墓掘り人だったが、傑出したユーモア詩人として、大西洋の両岸で有名。「二つの白い教会」参照—訳者注）の巧みな韻文がある。彼は終生農場労働者で、飲んだくれの墓掘り人だった。

しかし彼は伝統的な韻文作成の技法を身につけていたため、あらゆるものを韻文にすることができた。あるときはユーモアたっぷりの逆説や言葉のしゃれを使い、またあるときは米語化したアイスランド語の俗語をまねしてから

かったり、英語の句や文章を挟み込んだりした。子どもはか弱い宝石だと子どものために書いたことは当然として、酒、墓掘り、農家の雑事、政治、宗教についても夥しい意見を表明した。その1つが次の詩だ。

  ここで君に初めて会ってから
  必要な陽の光は少なくて済む。
  君の目の光が
  私の人生を明るくしてくれるから。

 しかし彼には「真に」本格的な詩人になる野心がなかった。彼の四行連詩のなかには、どうみても、誰かの質問や発言にユーモアたっぷりに答えた即興詩がある。飲酒癖があるからいい奥さんがもらえなかったのよと言って、ののしった女性に対して答えた詩を散文にすると次のようになる。

  酒の神バッカス爺さんが　わしに
  最上のもの、ビールとワインの味を教えてくれた。
  おまえさんが　わしの妻でなくて
  バッカス爺さんに感謝。

 カウインが自作の詩『クヴィーズリンガル（*Kviðlingar*)』(カインの詩歌の第1巻）のなかで言っているように、サタン（悪魔）が『クヴィーズリンガル』を声に出して読み始めたとき、地獄を喜びと笑いが支配していたとしても不思議ではない。

上述の詩人や作家のほとんど誰もが正規の学校教育をうけたわけではない。彼らの知的背景はアイスランド文学の伝統にあった。これと対照的に、知識人は主として編集長たちで、ウィニペグにやって来て一年後に死んだゲスチュル・パウルスソン（Gestur Pálsson）、ヨウン・オウラフスソン（Jón Ólafsson）、エイナル・ヒェールレフスソン・クヴァーラン（Einar Hjörlefsson Kvaran）で、後者は二人ともアイスランドに戻って行った。後に、医者、テンプル騎士団（禁酒運動を行なう一八五一年設立の米国の秘密結社―訳者注）の一員、編集長、社会主義者、博愛主義者、平和主義者のシーギュルジュル・ユーリーウス・ヨウハネスソン（Sigurður Júlíus Jóhannessson）もやって来た。

他にも以下に掲げるような知識人や正式な教育を受けていない作家がたくさんいる。ヨウナス・A・ダニエルスソン（Jonas A. Daníelsson）、グンナル・ギースラソン（Gunnar Gíslason）、ゲスチュル・ヨウハネンスソン（Gestur Jóhannesson）、シグフース（Sigfús）およびマルグレート（Margrét）ベネディフトスソン（Benediktsson）夫妻、ヨウン・キャイルネステッド（Jón Kjærnested）、ソルステイトン・ボルクフィェルズ（Þorsteinn Borgfjörð）、ヨウン・エルドン（Jón Eldon）がそのような人たちである。

二十世紀になっても文学の作品数は依然として莫大であり、北米アイスランド（Western Icelandic）文学は独自の真正な影響力を確実に維持した。グットルミュル・J・グットルムスソン（Guttormur J. Guttormsson; 一八七八－一九六六）は北米で生まれ、古アイスランド語で詩を書いた唯一偉大な詩人だった。彼の詩はスタイルも内容も変

化に富んでいた。『サンディー・バー（Sandy Bar）』は初期の開拓者たちに捧げた見事な傑作で、終末論的なメタファーを用いて彼らの危機や業績を讃え、また他の詩では現代社会に対し風刺のきいた機知、ユーモア、幻滅を披露する。更に面白い象徴的な戯曲をも書いた。

ソルステイトン・Þ・ソルテインススン（Þorsteinn Þ. Þorsteinsson）は移民史について詳しいのみならず有能な詩人であり、巧みな物語作家でもあった。

グヴューズルン・ヘルガ・フィンスドウッティル（Guðrun Helga Finnsdóttir 一八八四－一九四六；アイスランドのSuður-Múlasýslaの Geirólfstaðir で生まれ、詩人の Gísli Jónsson と結婚し、一九〇三年カナダへ移住、ウィニペグに落ち着く。ウィニペグ・ユニテリアン派教会の婦女子援助協会・Ladies Aid・長をはじめとして、いろいろな役職を務めた―訳者注）は短編の地の文はあまり洗練されているとはいえないけれども、智恵と誠実さはおそらく彼女と同世代のどの作家よりも深みがある。夫のギースリ・ヨウンスソン（Gísli Jónsson）もすばらしい詩人で、エイナル・パウトル・ヨウンスソン（Einar Páll Jónsson）の兄である。

ヨウハンネス・P・パウルスソン（Jóhannes P. Pálsson）は医者であったが、余暇に短編や戯曲を書いた。

英語が徐々に文学語になっていったが、それはまた新たな問題に直面することでもあった。ローラ・グッドマン・サルヴァーソン（Laura Goodman Salverson 一八九〇－一九七〇；貧しい移民の娘として生まれ、家族はマニトバ、ノースダコタ、ミネソタ、ミシシッピーの諸州を転々とした揚句にウィニペグに戻る。初期教育が阻害され、十歳になるまで英語を学ぶことはなかった。カナ

ダ大草原の移民として経験した苦難のドラマを記録した最初の作家。最初のカナダの小説『The Viking Heart（一九二三）』は、一八七六年のマニトバへのアイスランド移民を追っている―訳者注）は英語で書いた先駆者であり、ある程度まで他国への移住を生々しく描いた小説を書いたが、そういったこともいつしか薄れていき、輝かしいアイスランドの遺産を理想化して記述するようになった。特に『移民者の娘の告白（*The Confessions of an Immigrant's Daughter*）』では、彼女自身の言葉でカナダの文化を批評し、アイスランドの文化的価値を継承することに成功している。その業績の偉大さはアイスランド語と切り離せない伝統を拒絶して、彼女が英語圏で確実な地歩を築いたことにある。

　無論、アイスランド語が文学の表現手段として色あせていくことは避けられないことだった。アイスランド語を使う子供たちは学校でいじめをうけた。近代文学では大きな精神的トラウマを経験したときにだけアイスランド語が現れる。祖母は子どもたちにおとぎ話しや物語を語って聞かせた。人々は何十年もアイスランド語で物語を語り続けていた。がしかしある日気がつくと、みな英語を話すようになっていたのあった。

　しかし、彼らは相変わらず物語を語っている。この物語の話術の巧みさは祖先の多方面にわたる経験と同様に、アイスランド系の近代作家の作品中に反映されている。物語を語る純粋な喜びを作品中に明確に表している作家もいるし、はっきりとアイスランドのオリジナルなものを扱う作家もいる。そして同時に、アイスランド語を話す韻文詩人は未だ存在して、昔ながらの伝統に則って書き、韻文や論

争詩やアイスランドに寄せるオード（ode：気品の高い思想を特定の人・物などに呼びかけ形式で歌った叙情詩。頌歌。賦—訳者注）をときどき作成して、見たこともない祖国に憧憬を抱くのである。

一九三五年　マニトバのリヴァートンのグットルミュル・J・グットルムスソン（Guttormur J. Guttormsson）

レシピ⑦

スヴィーズ（Svið：焦がしたラムの頭）

北米でこの料理を知っている人は少ないのに、アイスランドではどういうわけか今でも食べられている。必要なだけ子羊の頭を集め、完全に焦がして毛を取り除きます。羊の頭を半分に割って、必要のないもを取り除く。よく洗って、塩を入れたお湯で九十分間煮込む。

客が怖がりで、神経質な場合、羊の目と歯を取り除いて、一人当たり頭を二分の一ずつ出せば客がこわがることはありません。

レシピ⑧

ミースュオストュル（Mysuostur：ホウェイ［乳漿］チーズ）

七.五リットルのミルクを沸騰点まで熱したあと冷やしてぬるくする。茶さじ一杯の液体のレンネット（子牛の胃の内膜からとったチーズ製造用の凝乳酵素）を加える。ゆっくり固まるままにしておいて、その後、漉してカードを除く。（八時間くらい沸騰して）ホエー（乳漿：カードを除いた後に残る水のような液体）を約〇.五リットルまで煮詰めて減らす。一カップのお砂糖、二分の一カップの濃密なクリーム、大さじ三杯のバターを加える。三十分ほどゆっくりと加熱調理する。滑らかでクリーム状になるまで強くかきまぜて泡立てる。薄いピーナッツバター風に見えるはずで、パンに塗っていただく。

北米アイスランド人の戯曲

リー・ブランドソン

　アイスランド人が北米に入植した初期の頃から第2次世界大戦に到るまで、アイスランド人コミュニティのほとんどの人がなんらかの立場でアマチュアのドラマ制作に携った。少数の人が劇の創作か翻訳を受け持ち、それよりももっと多くの人が上演するか舞台裏で働き、それ以外のほぼ全員が観劇にやってきた。ランダルの南方のショールレイクの小さなアイスランド人コミュニティでは一時期、同時に八つの演劇団体が活動していた。同じ劇が大きなホールで三晩も四晩も上演されることは珍しいことではなく、少なくともゲイシル、ギムリ、ウィニペグおよびウィンヤードのアマチュア・グループは劇を上演しながらマニトバ、サスカチュワン、ノースダコタの各州を巡回して回った。

　観客はこういった興行で、必ずしも受け身の役割を演じたわけではなかった。法益剥奪者（アウトロウ）を扱った劇などではアイスランド奥地の不毛の荒野で追放刑に処せられた者たちが精一杯生きているなかで、ヒロインが自分の幼子を滝に投げ捨てて死に至らしめる。女は自警団員らの追跡を交わしているところであるということを説明してきかせ、子どもが彼らの手にかかったら、もっとひどい運命に遭うのではないかと恐れているといって、子殺しのいいわけをする。観客のなかからは憤激の反応がはねかえってくる。「放っておけ、恥ずべき行いをした奴などは！」

　初期の頃の劇は戸外か、または一番大きな丸太小屋か、

または納屋が使用できれば、そこで上演された。一八八三年と一八八四年に、アイスランド・リヴァー（今日のリヴァートン Riverton）の定住者は、間口約五.五メートル、奥行約七.五メートルの一室しかない丸太小屋でお芝居をした。これが開拓地で最大の家だったのである。少数の幸運な者は役者たちの近くに席が確保された。それ以外の者はコミュニティの住民がとても小さい建物に押し込まれて肩と肩がふれ合ったときに、「立見席以外満員」ということばの真の意味がわかったのであった。

数多くのすぐれた作家が劇作家になれるか腕だめしをして、当初はステファン・G・ステファンスソン（Stephan G. Stephansson）と比べて遜色ないものであった。ステファンソンは一八八一年、ノースダコタのガルダルで、七月四日を祝う劇を書いてくれるようにたのまれて、その任務を引き受けたものの、あまり乗り気がしなかった。

「私は劇を制作するように要求されました。言い訳をして回避しょうとしましたが、無駄でした。策略にかかったのです。日々農場で働いていましたが、夜は月明かりが一杯ありました。夕方いつも私の小屋を見下ろす岡の斜面に横になって、急いでこの駄作のなぐり書きをしたのです。ですから台詞は空で覚えていて、リハーサル（下稽古）に間に合せました。上演の前夜は夜通し起きていて、上演当日も日夜、寝ませんでした。その翌日は仕事に出かけ、夕方になる前に馬に引かせた草刈り機の上で眠ってしまいました。地面に落ちてしまったのですが、怪我はせずにすみました」

ステファンとヘルガのステファンスソン夫妻
写真は「アイスランディク・カナディアン誌」提供

　彼はそう語っているが、記録と完全に一致しているわけではない。自らこのガラクタと述べた彼の劇は実は大変人気があり、アイスランド人入植地の到るところで広く読まれ、上演されたのであった。さらに、彼は台本作りにそれほど強く反発したわけではなかった。それというのもアイスランド国立古文書保管所にある彼の資料には、この劇の原稿は勿論、他の劇三編の断片も含まれていて、さらにもう一つの短い劇が彼の劇作品集として発行されているからである。

　北米アイスランド人劇作家の中では、学校教師で小説家

でもあったヨーハン・マグヌース・ビャルトナソン（Jóhann Magnús Bjarnason）が一番多作だっだ。少なくとも十九の劇を書いたことがよく知られているが、すくなくとも共同執筆がもう一つあったはずである。これらの劇のほとんど、恐らくは全部がゲイシル・スクールの彼の教え子が上演するために書かれたものである。刊行されたものは皆無で、手書き原稿すら一つも見つかっていない。

多分、北米アイスランド人劇作家の最高はグットルミュル・J・グットルムスソン（Guttormur J. Guttormsson）だろう。総じて大変に上質の十六編の短い劇を書いたが、上演されたのは初期の二作品にすぎない。グットルミュル自らが「読む劇」と言った後期のドラマはそのほとんどが舞台上演には困難か不可能だったのだろう。例えば、ある劇の登場人物名簿のなかに、肉体のいろいろな部分や知性、感情、富といった漠然としてつかみにくいものが含まれている。別の劇では、一人の子どもが壁に残した汚れた指紋を俳優たちが演じることになっている。登場人物が昆虫になって出てくる劇や、腰まで積もった雪の中を一人の客が三匹のシンリンオオカミ（灰色の斑模様があり、カナダや米国北部の森林地帯に生息する狼─訳者注）のそばに現れる劇があるが、このような彼のリアルすぎる劇は最も想像豊かな団員たちにも重荷を負わせることになったのだろう。

最も重要な北米アイスランド人劇作家として、唯一グットルミュルの競争相手となるのがヨウハンネス・P・パウルスソン（Jóhannes P. Pálsson）である。パウルスソンはどうやら高校在学時に、恩師のヨウハン・マグヌース・ビャルトナソンと劇を共作したのが出発点らしい。その後、

― 262 ―

一九〇九年に大学の素人演劇グループのために少なくとも短い劇を二編共作し、引き続いてその後五十年間に十五編の一幕物を書いた。グットルムスソン同様、最初期の劇のみが上演されている。後期の劇の出来栄えもよく独創的であるが、おしなべて抽象的・象徴的すぎて、安易には上演できないのである。

ヤコブ・ヨウンスソン（Jakob Jónsson）はサスカチュワン州のウィンヤードのユニテリアン派の牧師として五年間の在職期間中、そこの演劇界のために立派な二編の劇を著わした尊敬すべき人物で、ここで言及するのが当然であろう。その後アイスランドに帰り、大学で演劇を研究し、この国で最も高名な劇作家の一人となった。

北米アイスランド人は合計で少なくとも百二十三の劇を書いたことになっているが、このうちほとんどが著作品名と制作年月日しかわからない。発刊されたものは少なく、原稿が発見されたものはもっと少ない。そのうえ少なくとも六十篇の劇がアイスランド語に翻訳されている。翻訳の記録が極端に乏しいので、実数は多分この数字の二～三倍にはなるだろう。上演された劇の数は推測することすらできないけれども、恐らく数千に上るだろう。

北米アイスランド人の演劇活動がピークに達したのは一九二〇年代と一九三〇年代の初期だった。この時期に多くの劇団が巡演興行を行い、また一九二七年と一九二八年にはウィニペグで二つのアイスランド人演劇大会が開かれ、遠くウィンヤードからの参加もあった。一九三二年の「マニトバ演劇祭」でフリー・プレス・シールド（盾形のトロフィー）賞を手にしたのはアイスランド人参加グルー

プであった。不景気によりこの運動の帆に風が吹かず、船は第二次世界大戦によって沈んでしまった。戦後、再編成された演劇団体はほとんどなく、アイスランド語での上演は一九五一年にゲイシルで主催されたのが最後となった。

　北米アイスランド人の演劇の伝統は、次の数十年間はある程度続いた。存続した演劇団体が少数あったが、アイスランド語からの翻訳ものも含めて、英語による演出に焦点を変えてきた。他に「ニュー・アイスランド・ドラマ・ソサイアティ（New Iceland Drama Group）」（マニトバ大学の学生グループ）のような演劇団体も結成され、このグループは一九七〇年代の初期と中頃、アイスランド演劇の野心のある翻訳ものをギムリやそのほかの場所の「アイスランド祭」で上演した。今でも劇作家は存在する。デイヴィッド・アーナソンとW.D.ヴァルガルドソン（Vargardson）はそれぞれ、近年、劇も映画用シナリオも書いた。そして、勿論これらの作品は出版されてはいないが、先駆者たちの場合と相違して、原稿がもっと丁寧に扱われることを願おう。

レシピ⑨

リヴラルピルサ（Lifrapylsa：レバーソーセージ）

　一カップのミルクを煮沸して、それを切り刻んだ二.五カップ（一一五四グラム）のレヴァー、大サジ一杯の塩、茶さじ半分の挽きたての胡椒、切り刻んだ一ポンド（四五四グラム）の腎臓のスエット（硬い脂肪）、一カップのオートミール、二.五カップの小麦粉に注いで、十分かき混ぜる。横四インチ（十センチ）、縦八インチ（二十センチ）の木綿の袋を作って、袋は水に浸し、十分に水を含ませ、余裕を持って袋を糸で縫って閉じる。二時間煮沸する（時々、袋を突っついて穴をあける）。冷やし、スライスして、冷たくするか軽くフライにするかしてお召し上がりください。

アイスランド系カナダ人系譜学の起こり

シグリド・ジョンソン

　「ビョルン・ブナの息子で獅子鼻のケティルという男がいた。ノルウェーの権勢ある首長で、よい家柄の生まれであり、南メーレと北メーレの中間にあるロムスダール地区のロムスダールに住んでいた。

　「獅子鼻のケティルは高名な男である＜雄羊の＞ケティルの娘イングヴェルデュルと結婚して、二人は五人の子供をもうけた。息子の一人は東方人のビョルン、もう一人はヘルギ・ビョーランといった。娘の一人は＜雌羊の＞ソールンといい、痩せのヘルギの妻となった。二番目の娘は深慮のウンヌュルで、白子のオーラヴュルの妻になった。三番目の娘は知恵破れのヨールンといった。
（『ラックス谷のサガ』第一章）

　系図調べは北米で三番目に人気がある話題だ。歴史を通して、アイスランド国民は見事に家系図を記録し続けてきた。アイスランド人は幾世紀にも亘（わた）って、昔から家族の記録を残すのに関心が深くて、ルーツを探すという人気がある娯楽に興味を持ち始めた、カナダ在住で出身がアイスランドの人々にとって幸いなことであった。

　現在のアイスランド系カナダ人研究者の大多数が第四ないし第五世代のカナダ人にあたる。この人たちはアイスランドの移住世代との関係を明らかにして、最後には自分たちの家系をサガの時代にまで遡ることができるが、その前

に先ず北米での家系について詳細な情報を得なければならない。この目的の遂行のためには家族内での調査を始める必要がある。両親、祖父母、叔母、叔父、従兄弟との面談から、祖先の情報を可能な限り多く直に得られるはずだ。こうして提供された基本的な情報によって、結局、アイスランドまで系図が遡られる一助となるのみならず、過去の世代の日常生活も垣間見ることができるのである。

アイスランド系カナダ人研究者にとって重要な膨大な量の情報が、北米アイスランド人の夥しい量の刊行物に書かれている。アイスランドからの移民世代が持参してきた何世紀にも亘る文学伝統は新天地の書物、定期刊行物、新聞などに引き継がれ、そういう出版物には北米におけるアイスランド文化の歴史的発展やその発展に一役買った人々の生涯が記録されている。

系図の研究者はこういった出版物の中で、北米アイスランド人の伝記が収められているものを一番貴重だと考える。そのような略伝には、誕生日と誕生地、両親・配偶者・子どもたちの名前、居住地、死亡日時とその場所に関するある特定の人物の基本情報だけでなく、祖国アイスランドの祖先や発祥地の情報も載っている。こうした出版物のおかげで、研究者はアイスランドに住んでいた最後の世代の祖先との関連性を立証できるのである。最も有用な出版物として次のものが挙げられる。ソルレイヴュル・ジャクソン（Thorleifur Jackson）の三つの学術論文:『ニュー・アイスランド開拓史断片（*Brot af landnámssögu Nýja Íslands*)』（ウィニペグ：コロンビア・プレス、一九一九)、『東から西へ（*Frá austri til vesturs*)』（ウィニペグ：コロン

ビア・プレス、一九二一)、『続ニュー・アイスランド開拓史 (*Framhald á landnámssögu Nýja Íslands*)』(ウィニペグ：コロンビア・プレス、一九二三) ソルステイトン・Þ・ソルステインスソン＆トリッグヴィ・J・オレソン (Þorsteinn Þ. Þorsteinsson and Tryggvi J. Oleson)『北米アイスランド人のサガ (*Saga Íslendinga í vesturheimi*) 五巻』(レイキャヴィーク：文化基金；ウィニペグ：北米アイスランド人愛国協会、一九四〇－一九五三)；ソルスティナ・ジャクソン『ノースダコタのアイスランド人サガ (*Saga Íslendinga í Norður Dakota*)』(ウィニペグ：ウィニペグ市印刷・出版（株）、一九二六)；ベンヤミーン・クリスティヤウンスソン (Benjamín Kristjánsson)：『西アイスランド人名辞典 (*Vesturíslenzkar œviskrár*) (五巻)』(アクレエイリ、オッヅ・ビュルトンスソン出版、一九六一－一九八五)；『アイスランド兵の回想記 一九一四－一九一八 (*Minningarrít íslezkra hermanna 1914 - 1918*)』(ウィニペグ：ヨウン・シーグルズスソン協会 I.O.D.E.［アイスランド女性帝国協会］一九二九)；『第２次世界大戦・アイスランド系の退役軍人 (*Veterans of Icelandic descent, World War II*)』(ウィニペグ：ヨウン・シーキュルジュルズスソン支部、I.O.D.E 一九九〇)

　さらに伝記物に書かれた詳細を調べるのに貴重なものとして、定期刊行物の『オウラヴュル・S・ソルゲイルスソンのアルマナク (*Almanak Ólafs S. Thorgeirssonar*)』(巻一－六十) (ウィニペグ：オウラヴュル・S・ソルゲイルスソン、一八九五‐一九五四) がある。『アルマナク (暦)』のどの巻も、北米のそれぞれ異なるアイスランド人開拓

地に重点を置き、地域の歴史的全体像や先駆的開拓者の略伝を掲載している。そのうえ、『アルマナク』各巻に包含されているものに、北米アイスランド人の死亡告知欄、大学の学位取得、公的な役職部門がある。『アルマナク』が一九五四年に刊行停止になると、この部門は『アイスランド人愛国協会ジャーナル（Tímarit Þjoðrœknisfélag Íslendinga 一 - 五十）』（巻一 - 五十）（ウィニペグ：北米アイスランド人愛国協会一九一九 - 一九六九）に引き継がれたが、これもまた一九六九年に終刊となった。

　新聞、特に死亡記事欄の人名略歴は、アイスランド系カナダ人の系図学者が重要視するもう一つの印刷物の情報源である。アイスランド人が初めてカナダにやって来てから現在まで、新聞は途切れることなく発行されてきている。最初の新聞は『新スヨウゾウルビュル（Nýi Þjóðólfur）』という手書き新聞で、一八七六年の冬に発行された。その後、『フラムファーリ（Framfari）』（ランディ：ニュー・アイスランド・共同出版、一八七七 - 一八八〇）、『レイビュル（Leifur）』（ウィニペグ：H．ヨウンスソン、一八八三 - 一八八六）、『ヘイムスクリングラ（Heimskringla）』（ウィニペグ、一八八六 - 一九五九）、及び前記2つの新聞が合体した『レーグベルグ・ヘイムスクリングラ（Lögberg - Heimskringla）』（ウィニペグ、一九五九—現在に至る）が続く（レーグベルグは「法の岩」、ヘイムスクリングラは「世界の輪」の意味—訳者注）。

　さらにまた『アウルディース（Árdís）』（ウィニペグ：ルター派女性連合一九三三 - 一九六六）、『連合（Sammeiningin）』（ウィニペグ：北米アイスランド教会

連合 – 北米アイスランドルター派教会連合、一八八六 - 一九六四）、『ヘイミル（*Heimir*）』（ウィニペグ：北米アイスランド・ユニタリアン派教会連合、一九〇四 - 一九一四）などを含む夥しい教会の定期刊行物、『アイスランディック・カナディアン（*The Icelandic Canadian*）』（ウィニペグ、一九四二 – 現在）のような民間新聞や定期刊行物などにも注目すべきである。

死亡記事だけでなく、これらの刊行物にはアイスランド人コミュニティの重要な出来事についての紹介記事が書いてあり、そのなかには関係者に関連した人物情報も載ることがよくあった。こうした新聞や刊行物のいくつかの索引が作成されてきており、現在も作成中である。とはいっても、大抵は、先祖や家族についての情報を探すとき、各版・各号を隈なく調べる必要がある。実に骨の折れる徹底した仕事だ！　ユーニウス・H・クリスティンスソン（Júníus H. Kristinsson）の『ヴェスチュルファラスクラウ（*Vesturfaraskrá* アイスランド人の北米移民の記録）一八七〇 - 一九一四』（レイキャヴィーク：アイスランド大学歴史学会：一九八三）は独特の範疇に入る。この書はある特定の祖先が北米へ移住したかどうかを探し当てるさいの参照すべき典拠となっている。ヴェスチュルファラスクラーには、農場や町に応じて、一八七〇年から一九一四に到るまで、北米移住のすべての住民が列挙してある。出発年、年齢、職業、出発港、船名、到達地点の情報も取得できる。

祖先の経歴や家系を詳細に調べるときに見落とすことができないのが、政府の公文書およびアイスランド人が入植

した北米諸地域の通史と郷土史である。これらの出版物は系図に関する情報を与えてくれるので、研究者は自分の祖先を実際に生存していた時代的背景の中で考えることができる。

政府の報告書で特筆すべきものに、ボールドウィン・L・ボールドウィンソン（Baldwin L. Baldwinson）の『カナダにおけるアイスランド人入植地報告（Report on the Icelandic settlement in Canada）一八九一 - 九二』があり、これは『自治領会議文書（*Dominion Sessional Papers*）』（オタワ：内務省、七：一八九二、一三：一八九三）で発行された。この報告書はカナダの主要なアイスランド人入植地を網羅している。各入植地の家族の世帯主の名前がその経済状態とともに列挙されている。系譜学者にとって特に重要なのはアイスランド国内における出生地の情報である。

次にアイスランド人移民関係の一般歴史書を列挙する。ウイルヘルム・クリストヤンソンの『マニトバのアイスランド人（*The Icelandic people in Manitoba*）』（ウィニペグ：ウォーリングフォード・プレス、一九六五、再版一九九〇）；ウォールター・J・リンダル（Walter J. Lindal）の『カナダのアイスランド人（*The Icelanders in Canada*）』（オタワ：ナショナル・パブリシャーズ；ウィニペグ：ヴァイキング・プリンターズ、一九六七）；ウォールター・J・リンダルの『サスカチュワン州のアイスランド人（*The Saskatchewan Icelanders*）』（ウィニペグ：コロンビア・プレス、一九五五）、ソルスティーナ・ジャクソン（Thorstína Jackson）の『現代サガ：ノースダコタのアイスランド人物語（*Modern Sagas: the story of the*

Icelanders in North Dakota)』ファーゴ、ノース・ダコタ；ノース・ダコタ地域研究所、一九五三。これらの歴史書のおかげで、研究者たちは自分の祖先が生涯に経験した事柄を北米アイスランド人の歴史との関連で考えることが可能になる。

アイスランド系カナダ人の入植は郷土史の事象と無縁ではない。各入植地で設立百周年記念祭が近づくと、該当地域の郷土史が新刊されたとか、近刊の予定があると公告されるのが珍しくなかった。郷土史は歴史的な証拠書類よりも個人的な思い出話に基づくので、しばしばかなりの間違いがあるが、こういう発刊物は系譜学者にはことのほか貴重である。実際、郷土史はおそらくアイスランド系カナダ人第五世代の研究者たちが参照する第一次情報源となるであろう。

マニトバ州の郷土史としては次のものがある。『我々の遺産相続：アーガイルの百年史（Come into our heritage: centennial history of Argyle)』（バルデュル：アーガイル地方自治体、一九八一）；『忍耐、誇り、そして進歩（Patience, pride and progress)』（エディストーン：エディストーンと地域歴史協会、一九八三」；『信念と堅忍不抜：ゲイシル地区の歴史、(Faith and fortitude: a history of the Geysir district) 一八八〇年代−一九八〇年代』（アルボルグ：ゲイシル歴史協会、一九八三）；インギビョルグ・S・マックキロップ（Ingibjorg S. McKillop）著『ミックレイ：壮麗な島：追憶の宝：ヘクラ島（Mickley: the magnificent island: treasure of memories: Hecla Island)、一八七六−一九七六』（S.l.：I.S.マックキロップ、一九七九）；『世

紀の始まり：アルボルグ地区の歴史（*A century unfolds: history of Arborg and district*）、一八九九 - 一九八七』（アルボルグ：アルボルグ歴史協会、一九八七）；『荒野の開拓：アシャーン地区の歴史（*Taming a wilderness: a history of Ashern and district*）』（アシャーン：アシャーン歴史協会、一九七六）；『ギムリサガ：マニトバ州ギムリの歴史（*Gimli saga: the history of Gimli, Manitoba*）』（ギムリ：女性協会、一九七四）；『クロッカス・トレイル（*Along the crocus trail*）』（ラングルース：ラングルース歴史協会、一九八四）；『ワゴンから翼まで：ランダル地区の歴史（*Wagons to wings: history of Lundar and district*）、一八七二 - 一九八〇』（ランダル：協会、一九八〇）；ステイトン O. トンプソン（Steinn O. Thompson）の『リヴァートンとアイスランド川入植地（*Riverton and the Icelandic River settlement*）』（リヴァートン：T・トンプソン、一九七六）；ネルソン・ジェラード（Nelson Gerrard）著『アイスランド・リヴァーのサガ（*Icelandic River saga*）』（アルボルグ：サガ発行、一九八五）、『*When the west was bourne: a history of Westbourne and district*：一八六〇 - 一九八五（ウエストボーン地区の歴史一八六〇 - 一九八五）、』（ウエストボーン：ウエストボーン - ロングボーンの歴史、一九八五）、ゲイルフィンヌル・ピーターソン（Geirfinnur Peterson）著『マニトバ州のナロウズにおけるアイスランド人入植の歴史（*History of the Icelandic settlements at the Narrows, Manitoba*）』ウィニペグ：レークベルグ - ヘイムスクリングラ、一九七〇。

　アイスランド系カナダ人の系譜研究者に有用なサスカ

チュワン（州）やアルバータ（州）の郷土史として次のものが挙げられる。『キルズの人々の回想 (*Reflections by the Quills*)』（ウィンヤード：キル歴史協会、一九八一）；『イエローヘッドまでのプレーリー・トレイル (*From prairie trails to the Yellowhead*)』（ウィニペグ：大学連合出版、一九八四）、『バーント・レイクのトレイル (*Along the Burnt Lake Trail*)』（レッド・ディア：バーント・レイク歴史協会、一九七七）；『穀物用根掘りつるはし (*Grub-axe to grain*)』（カルガリー：D.W. フリーゼン＆サンズ、一九七三）。

　しっかりした文学伝統があったので、アイスランド人は北米に移住しても出版物を増産できた。これによって次に、豊富な出版物を収蔵する図書館が開設されるに至った。北米の到るところにある非常に多くの図書館には、アイスランド関連の出版物のコレクションが所蔵されている。といっても、マニトバ大学のエリザベス・ダフォー・ライブラリ（Elizabeth Dafoe Library）内のアイスランド・コレクションは系図学的な観点から最も重要なコレクションである。それはこのコレクションがほぼ完璧に近い状態で保存され、系統学の資料に寄せる関心を持続しているからである。したがって、アイスランド系カナダ人の系譜研究員たちは次の二点を知って、二重に幸運だと考えるのである。一つは既述の著作物に家系図が掲載されていて、北米での家系図を辿る自分たちの仕事が大方すでに完了していること、次に祖先が未来の世代のために、例えばマニトバ大学のアイスランド・コレクションのように、この種の著作物を収める文庫を造設しょうと思い立ったことである。

レシピ⑩

リュンミュル（Lummur）

リュンミュルは普通のパンケーキ

製法：

　一カップの小麦粉、茶さじ二杯のベイキングパウダー（ふくらし粉）、大さじ二杯の砂糖、一つまみの塩をよく混ぜる。それから別のボールに、卵一個、ミルク一カップ、大さじ二杯の溶かしたバター、茶さじ半分のヴァニラを入れてまぜる。液体の材料に乾いた材料を加え、よく混じるまでかき回すが、泡立ててはいけない。四十分くらい寝かせる。泡が出てきて、パンケーキがレース状になるまで（二分か三分くらい）ホットプレート（鉄板）でフライにする。ひっくり返して、さらに二〜三分フライにする。普通のパンケーキ同様に、シロップ、砂糖、ゼリーなどを添えて出す。

ギムリのA.S.バルダル斎場

刈取束の積み上げを終えて一休みする農夫

アイスランド語学習

シグリド・ジョンソン

　アイスランド語を修得する必要や理由は数多くあるが、それと同じくらい、アイスランド語修得の方法も数多くある。アイスランド語を身につける最高の方法はアイスランドへ行き、留学生に提供されるすばらしいプログラムに受講登録することであり、これに疑いをさしはさむ余地はない。たとえば次のようなカリキュラムの講義科目がある。「アイスランド大学による留学生用のアイスランド語二ヵ年コース」、「レイキャヴィーク市成人教育センター(Námsflokkar Reykjavíkur) が準備した講座」、私立学校が提供する講座で、特に「ミーミル（Mímir Simenntun)」という労働組合設立の生涯学習提供団体がその目的の一環として語学活動を行っており、また外国人のためのアイスランド語コースとしてアイスランド大学シーグルジュル・ノルダル研究所(Sigurður Nordal Institute) が毎年夏季講座を提供している。

　アイスランドへ勉強に行きたいと思う人ばかりではなく、また行く余裕のない人もいる。幸いにして、そのような人たちのための講座もあるが、アイスランド語の修得が必須であるか、修得の理由は何なのかで違ってくる。北米のアイスランド・ナショナル・リーグに属するほとんどの支部が、いつだったか、〈アイスランド語会話コース〉のスポンサーになったことがある。マニトバ大学の「アイスランド語・アイスランド文学」学部には学士号と修士号の

両方が取得できる研究プログラムが準備されている。大学のきちんと整理されたカリキュラムを受講できない地域に居住する人や、そういったカリキュラムをあわただしい日々の予定表に組み込めない人の場合はレコードやカセットのリンガフォンコースのような市販されているもので解決できる。

さらに学習者にとってこのリンガフォンコースには大いなる味方が存在する。つまり、リンガフォンコースには正規の学習用本や練習問題が整っているのであるが、さらに学習者はステファウン・エイナルスソン著『アイスランド語：文法、テキスト、語彙集』」(Stefán Einarsson: *Icelandic: Grammar, Texts, Glossary*) を入手できる。

ボルティモア（Baltimore）のジョンス・ホプキンス大学出版会から一九四九年にこの本の初版が発行されたが、今日に至るまでこれに匹敵する文法書は発行されていない。この文法書は現代アイスランド語の主要な点を網羅的に扱っているだけでなく、学習者が言語理論などについて詳しい予備知識がなくても使用できるようになっている。これはリンガフォン教材の代役となりうる重要な書物で、初心者・上級者ともに学習するものが遭遇しがちなたいていの疑問に答えてくれる。

この書以外に考慮する値打ちのある文法書としてはヨーン・フリズヨウンスソン（Jón Friðjónsson）著『現代アイスランド語コース：テキスト、語彙、文法問題、翻訳（*A course in Modern Icelandic: Texts, Vocaburary, Grammar、Exercises, Translations*)』レイキャヴィーク：ジャーナル・スカウズ(Skáð＝古文書)一九七八)；エイナル・

パウルスソン（Einar Pálsson）著『アイスランド語初歩第1巻&第2巻（*Icelandic in Easy Stages, No 1 and 2*)』（レイキャヴィーク：ミーミル、一九七五 - 一九七七）；アウスタ・スヴァヴァルスドウッティル&マルグリェト・ヨウンスドウッティル（Ásta Svavarsdóttir and Margrét Jónsdóttir）共著：『外国人のためのアイスランド語：文法書付きテキスト（Íslenska fyrir útlendinga: kennslubók í málfrœði)』レイキャヴィーク：アイスランド大学、語学教育研究所一九八八。これには次の書が付いている。

アウスタ・スヴァーヴァルスドウッティル（Ásta Svavarsdóttir）の練習問題『練習問題：英語注解と回答ヒント付き。レイキャヴィーク：アイスランド大学語学教育研究所、一九八九。さらにアイスランド語学習者に有用なものとして次の二冊があげられる。

アリ・パウトル・クリスティンスソン（Ari Páll Kristinsson）著『現代アイスランド語の発音：外国人用短期コース（*Pronunciation of Modern Icelandic: a brief course for foreign students*)』（レイキャヴィーク：アイスランド大学語学教育研究所、一九八八)と附属のカセット・テープ付き。

P.J.T.グレンディンニング（Glendinning）著『ティーチ・ユアセルフ・アイスランディック（*Teach Yourself Icelandic*)』ロンドン：イングリシュ・ユニヴァーシティ・プレス、一九六九。

「長距離旅行者に缶入り豆が不可欠であるように、語学学習者に辞書は不可欠である。そして多彩な辞書が存在する」＊といわれてきた。

＊B.S.『アイスランド便り（News from Iceland)』の［親しい外国

人から終生続く仲間へ（一九八五年十二月、十四頁）] から

1）アイスランド語辞典：アイスランド語英語、英語アイスランド語辞典－これらの辞書でアイスランド語の学習に必須のものは次の通りである。

　アウトニ・ベズヴァルスソン（Árni Böðvarsson）著アイスランド語辞書『学生・社会人用アイスランド語辞典（*Íslensk orðabók handa skólum og almenningi*)』二版（レイキャヴィーク：文化基金、一九八三）；

　アウスゲイル・ブレンダル・マグヌースソン（Ásgeir Blöndal Magnússon）著『アイスランド語語源辞典（*Íslensk orðsifjabók*）』（レイキャヴィーク：アイスランド大学辞書編集部、一九八九）；

　スヴァヴァル・シグムンズソン（Svavar Sigmundsson）編集、「アイスランド語同義語辞典（Íslensk Samheita - orðabók)」（レイキャヴィーク：ソウルベルグズ・ソウザルソン救済基金、一九八五）、

　リチャード・クリーズビーとグヴュズブランデュル・ヴィグフースソン（Richard Cleasby / Guðbrandur Vigfússon）共著『アイスランド語英語辞典（*An Icelandic-English Dictionary*)』二版（オックスフォード：クラーレンドン・プレス、一九五七)、

　アルトングリームル・シーギュルズソン（Arngrímur Sigurðsson）著『アイスランド語英語辞典（*Íslensk-Ensk orðabók*)』＝スヴェルリル・ホウルマルスソン＆クリストファー・サンダース＆ジョン・タッカー（Sverrir Hólmarsson, Christopher Sanders and John Tucker）共著『簡約アイスランド語英語辞典（*Concise Icelandic*

-*English Dictionary*)』（レイキャヴィーク：イージュン、一九八九）。

英語アイスランド語辞書には次のようなものがある。

シーギュルジュル・エルン・ボガソン（Sigurður Örn Bogason）著「英語アイスランド語辞典（*Ensk-Íslensk orðabók*)」（レイキャヴィーク：イーサフォルド、一九七六）。

セーレン・セーレンソン（Sören Sörenson）著「英語アイスランド語辞典（*Ensk-Íslensk orðabók*)」（レイキャヴィーク：エルン＆エルリーギュル、一九八四）。

ヨウン・スカプタソン（Jón Skaptason）著『英語アイスランド語学校辞典（*Ensk–Íslensk skólaorðabók*)』（レイキャヴィーク：エルン ＆ エルリーギュル、一九八六）；

さらに学習者の興味あるテーマに応じた特別な辞書がある。

ソウリル・エイナルスソン＆テリー・G・レイシー（Þórir Einarsson and Terry G. Lacy）共著『アイスランド語・英語ビジネス辞典（*Íslensk-Ensk viðskiptaorðabók*)』（レイキャヴィーク：エルン ＆ エルリーギュル、一九八二）。

ハウルヴダン・オウマル・ハウルフダナルスソン（Hálfdan Ómar Hálfdanarson）著『英語・アイスランド語生物学事典（*Ensk-Íslensk orðabók í líffræði*)』（レイキャアヴィーク：ハウルヴダン・O・ハウルヴダナトルスソン、一九八一）。

エイリーキュル・レグンヴァルズソン（Eiríkur Rögnvaldsson) 著『韻律辞典 (*Rímorðabók*)』(レイキャヴィーク：イージュン、一九八九)。

　学習者のアイスランド語を学ぶ必要および理由がどのようであれ、ちょっと調べれば必ず適切な学習プログラムや文法書および辞書が見つかるはずである。

　リンガフォンや文法書に付帯する実用書の類はたいていの場合、地元の書店への特注となる。他方、アイスランド語の辞書は一般的には北米の書店には置いていないので、直接アイスランドから購入するのが最善の方法である。

デイヴィッド・アーナソン

　一九四〇年代の初期にギムリで育ったということは、取りも直さずアイスランド語の洗礼を受けたということになる。私はアイスランド語の話しかたを習わなかった。両親は私に移民を思わせる発音をさせたくないと決めていたからで、両親も家庭ではアイスランド語を話さなかった。それにもかかわらず、アイスランド語は身近な存在であった。別の部屋にいる人の声を聞いているみたいで、いわばバックグラウンド・ミュージックだった。私は長時間を祖父母の農場で過ごしたので、農場の中をほっつき回るようになった。つまり、同一のまとまった音は全部学習したわけである。そのような音は私の身近にあった気分、感情、意思がどのようなものであるかを教えてくれた。乳牛を迎えに行ったり、家畜小屋でシャベルを使ったり、昼食をもらいに行く時間になったとき、耳にした母音や子音の配列をかなりよく覚えている。

本当に、私は人の会話に漂流していた。話の内容が察知できたところとできないところがあった。だから何が話題になっているのか、何が誰に起ったか、どのような終わり方だったかは分かった。適切な質問であれば、長い文章を使って応じることもできた。しかし、個々の単語は分からなかった。ある単語がどこで終わり、どこから次の単語が始まるか、その区別が分からなかった。句や文章を話し、一度に数分間、仕事や天候の会話は続けられた。自分がしゃべったことの意味を全体としては分かっていたのだが、部分的に分かっていないところがあったのだと思う。

　それでも私は何ら痛痒を感じなかった。アイスランド語が私より上手に話せる友人はいなかったし、アイスランド語は大人だけが話す言葉で、特に内緒の話や子どもが知ってはならないことを話す時だけに使用されるものだと納得していた。少なくとも私は、大きくなれば自然に話せるだろうと思い込んでいた。待てばよかったのだ。勿論、そのようにはならなかった。しかし、かろうじて理解できるこの神秘的な言語に対する愛情を失うことは全然なかった。

　アイスランド語が聞こえてくると、心が和む。話の内容を理解できてもできなくても、話している人に即座に親近感を抱いてしまう。素晴らしい威力を発揮して、子どものころの記憶を呼びさましてくれる独特の雰囲気がある。私にとってアイスランド語はそのようなものであった。通りすがりに目にとまる言葉は七月の干し草畑やウィニペグ湖上の大時化（しけ）や、私の祖母の腕であったりする。あの古い言葉の快活な詩歌のリズムはうれしいときの私の心臓の鼓動となる。

ギムリ・ワルツ

　ギムリ・ワルツの歌詞の翻訳はすばらしい。これについてフランク・オルソンは次のように述べている。

　「ギムリ・ワルツはニュー・アイスランド植民地時代の初期の頃、マニトバ州フーサヴィーク（Húsavík）の故オウリ・ソルステインソン（Óli Thorsteinsson）師によって紹介され、普及した。このアイスランド語の歌詞を書いたのはギムリとウィニペグに住んでいた故ヨウン・ヨウナタンソン（Jón Jónatanson）である。二十世紀初頭から、ニュー・アイスランドの住民は深い望郷の念をいだいてこの歌を演奏し、歌い、歌に合わせて踊り、この歌を慈しんできている」

理想の国の神秘に満ちた湖の岸辺に立てば、
大空をわが魂は軽やかに
この静寂な冬の夜を歌の翼で飛翔する。
はるか遠くに旅しても、いつも元に還り来る。
愛の光でその星はわが人生を導きぬ。
　　　　　天の至福よ、この我を揺り動かして、
　　　　　憩わせよ。熱き口唇押し当てて
　　　　　眠りよ、来たれ、わが胸に、
　　　　　かいなのうちに抱かれて、明るい夏の陽の光
　　　　　　　　祝福されし乙女児よ。

このすばらしい世界を通り抜けて
私たちは神々しい夢の中を漂う、
私の右腕があなたを抱き、左手があなたの左手を握る。
頬を寄せ合ってうっとり、
私たちは永遠の神の恩寵を見つける。
　　　　胸は高鳴り、二人には心は一つ、
　　　　やすらけく舞えよ、甘美な歓びを
　　　　出でて伝えよ、早乙女に純な形のこの愛を
　　　　トゥララララ、トゥララララ、トゥララララ
　　　　　　隠れしままに花よ咲け。

　　　　一八九八年七月一日ギムリ生まれ、
　　　　　　　　フランク・オルソン訳

結びのことば

　私たちは二つの生活を送っている。一つは喜びと悲しみが順繰りになる、義務と責任を伴う日々の生活。もう一つは願望となってあらわれる想像上の生活。芸術は消えていく瞬間から夢を紡ぎだし、夢に確実なリアリティを与えるものである。芸術によって私的なものが公的なものになり、つかの間の現在にしか存在しないものが再現可能となり、詩、絵画、演劇、写真の形をとる。私たちの肉体はもろい。人間は死ぬ。しかし芸術は想像力に永遠性を与える。

　由来、アイスランドには視覚にうったえる表現の伝統はなかった。といっても昔の写本には驚くほど美しいイラストが描かれてはいる。今日では生気にあふれた芸術家の共同体があって、絵画や彫刻を生みだしている。歴史上アイスランド人の偉大な画家を探しても無駄である。皆無である。十九世紀の終わりごろまでにアイスランド人を描いた絵画が少数輸入されてはいるが、外国の画家たちの作品である。アイスランドをテーマにしたものやアイスランド人の庶民を扱った最初の偉大な画家は、私の高祖父アルトングリーミュル・ギースラソン（Arngrímur Gíslason）だった。彼の描いた絵画のなかには一八五〇年頃描いた、岳父にあたるフィェルレイブル・グットルモールスソン（Hjörleifur Guttormorsson）の肖像画も含まれる。亡くなって久しいのに、肖像画の祖先は依然生きた存在である。それはある画家が祖先の姿を見て、カンバス上に絵の具を配

列することを想像したからである。

　文学はアイスランド人にとって第一の芸術であった。歴史的なサガやエッダはアイスランドが世界に貢献した偉大な贈り物である。カナダにやって来たアイスランド人たちはこの伝統を守った。そういう移住者にとって、詩歌は絶対に少数の人だけが理解できるものではなく、誰でも自分の気持ちを表す最も自然な方法であった。ほとんど皆が文章を書くことができた。書いた作品を出版した人の数もきわめて多く、この移住者たちの小さなコミュニティを考えると驚異的である。その上、民間伝承の物語詩（バラード）の韻文口誦〈kvœðirímur クヴァジリームル〉の伝統は依然として健在であり、入植者の多くが詩歌を使って相手を中傷しあうことに熟達していた。文学の伝統は衰えることを知らず、二十世紀まで継続している。

　新しい芸術形式である写真（撮影術）は、アイスランド人が新世界に到着したとき、見事に真価を発揮しつつあった。どの家族も肖像画を撮ったので、一か所にまとめると、真面目くさっていかめしく見える祖先たちのとてつもなく大きな古文書保管所ができた。しかし、こういう説明ではいささか嘘になる。写真は高価だった。写真を撮るのは特別な時で、みんないちばん上等の晴着を着て、普段は絶対経験しないように何回か並んで、プロの写真屋さんからポーズをとらされたのである。笑っている顔は一人もいない。それは、笑いたくなかったからではなく、当時の旧式のカメラはシャッタースピードが遅くて、ほんの一瞬の微笑を捕らえなかったからである。

　さらに、当時でさえもアイスランド人のコミュニティは

独特の遊び心を示している。堅苦しいスタジオに満足せず、衣裳をつけたまま外に移動して、見せたいと思うままを人目に晒(さら)したのだった。クロッケー〈芝生の上で、通例二人一組または個人で行うゲーム。交互に自分の木玉を木槌で打ち、逆U字形の金属柱の門を順番にくぐらせて、早くゴールしたほうが勝ちとなる、ゲートボールに似た球技—訳者注〉・プレイヤーたちが写っている写真は、イギリス上流階級たちの芝生では場違いには見えないが、開拓者農場が背景にあるので妙に現実離れして見える。同じ時期のもう一枚の写真に、ある家族がウィロー・クリークの堤に集合しているところが写っている。これは典型的な演出だったのだろう。ただし、家族の中には小舟に座っているものもいるし、二・三人の女の子が着衣のまま水中に腰まで浸かって、船がぐらつかないようにしている。写真家はどうみてもクリーク（小川）の真ん中あたりにいるようだ。

　一九二〇年代のころは、最も一般うけしたのはカメラだった。写真の値段がびっくりするほど下がった。肖像写真はスナップ写真に道を譲りつつあった。古い写真で妙に現実離れしていた雰囲気が新しい写真では自然な感じになった。それは遊び感覚や家系図の一員としてではなく想像力をもった生き物として自分を演出したいという願望から生まれたものであった。今や到るところで、陽気で無邪気な写真家の目がファンタジーを表現できる文化を捉(とら)えている。女性が男性の服を着る。男性はカウボーイの恰好(かっこう)をするか、片めがねをかけて申し分ないヨーロッパのデカダン風（自堕落）な伊達(だて)男の装いをする。水着を着た女性が雪の上で踊る。親の服を着た子ども同士がキスをする。こ

れは単に写真になったもので、実際に起こったことではない。カメラが好機を創造した。写真は他の表現手段と比べて、より写実的な場合とそうでない場合がある。写真の背景はもはや写真屋さんがセットしたものではなく、実在の場所となる。なのに、被写体はあらかじめ全部想像したものになる。以後、「現に進行している」事態の「スナップ写真を撮ること」が写真撮影の主流になってしまったが、旧手法を用いるプロの写真家と情け容赦もないスナップ写真家の時代の間には、束の間ではあるが、表現方法の面で仲良くする余地は残されていた。

この書物に収める写真を探しているうちに、びっくりするような写真の古記録に遭遇した。おおかたはベネッタ・ベンソン（Benetta Benson）が撮影して整理したものだった。この美しい女性は一九一三年に生まれ、一九三三年に二十歳の若さで悲劇的な死を遂げている。十五歳から二十歳の五年間にカメラに出会い、死んだときには自分の写真は自分で現像するくらいに本格的になっていた。

三人の美人がジプシーの恰好をして雪の上で踊っている。ハイーヒールや上のほうに覆いがないシューズはその場所にまったくそぐわない。彼女らは気取ったポーズをとっているが、いかにも書物や雑誌からしか情報を得ていない感じである。一九二〇年代のギムリにはジプシーの踊り子などいなかった。中央の女性は写真家に興奮したサインを送っている。この写真には紛れもなくカーニバルの喜びのような兆しが感じられる。厳しいマニトバ州の冬が儀礼上、和らいでいるのである。

もう一枚の写真では、やはり三人の若い女性が、とても

あどけない顔をして、背中を壁にくっつけ、両足を開いて、わざとエロティックな姿勢をとっている。彼女らは大人の女の衣裳を着て、大人の女になるふりをしょうと、可愛いい女の子を演じているのである。だれでも知っているパロディで、二重の自己詐称だ。これらとは対照的に、ベネッタは二人の友人に修道女の衣装をさせ、聖書を持たせているが、彼女らの顔はきまじめで信心深い。なぜこのような自己表現がしたいと思ったのだろう。さらにまた、ベネッタが白衣を着た花嫁の装いをしている。花婿も男装の女性である。写真には儀礼上の同性愛とあそびがいっぱいあふれている。

さらにもう一枚写真がある。フネイサ（Hnausa）の墓地で撮影した写真であるが、二人の若い女性が何気なく墓石に寄りかかりカメラに向かって微笑んでいる。墓石の前の3人目の女性が、両手で花を握りしめ、跪（ひざまず）いている。明らかに祈っている姿である。穏やかではあるがどうしてこのような冒瀆行為ができるのであろう。何故このようにして死というものをもてあそんでいるのだろう。

最後の写真になるが、ベネッタは広々とした野原で傘のうしろでポーズをとっている。妹で小説家のクリスティン・ベンソン・クリストフェルソンはいつの間にかよく写真でポーズをとった女性だが、彼女から聞いたところでは、この写真をとるきっかけは内気な気持ちが高じたからだというのである。この写真を撮ったのは男の子で、その子の名前は久しく忘れられたままだった。ベネッタはとても短い水着を着ていたので、男の子に服を脱いだ姿を写真に撮られるのを望んでいなかった。そのかわり、傘の背後はヌー

ド姿だと思わせるようなポーズをとったわけである。

全体的にみれば、これらの写真から日常の営みのそばに、想像と遊びの世界もあったことがわかる。ニュー・アイスランドの住民は自分たちの芸術を重要だと考えていた。彼らは詩歌、戯曲、小説を書き、コミュニティの芸術家を大いに尊敬していた。だからといって、芸術家は一般の人々からかけ離れた特別な存在ではなかった。絶好の機会と題材があれば、誰でも芸術が産み出せると信じていたようだ。ベネッタの写真にはこれらの考えの正しさが表れているように思われる。

編集者について

デイヴィッド・アーナソン：

作家、編集者、評論家、マニトバ大学カナダ文学教授、「英語・英文学」および「アイスランド語・文学」も講ずる。著書「The Pagan Wall」「The Circus Performers Bar」「The happiest Man in the World」、「Skrag」、「Fifty Stories and a Piece of Advice 」「Marsh Burning」など。

ヴィンセント・アーナソン：

ウィニペグ在住で、フリーランスのグラフィックデザイナー兼広告アーティスト

アーナソン父子は最初のアイスランド人移住者の直系子孫で、今から百四十年前祖先が上陸した地点ウィロー・ポイントにある小屋を守っている。

1000点 世界文学大系既刊・近刊予告

アマリア	(北欧篇1) シルヴィ・ケッコネン著 坂井玲子訳　フィンランド　既刊
ギスリのサガ	(北欧篇2) アイスランド・サガ (著者不詳) 渡辺洋美訳　アイスランド　既刊
ヘイムスクリングラ —北欧王朝史 (一) —	(北欧篇3-1) スノッリ・ストゥルルソン著 谷口幸男訳　アイスランド　既刊
ヘイムスクリングラ —北欧王朝史 (二) —	(北欧篇3-2) スノッリ・ストゥルルソン著 谷口幸男訳　アイスランド　既刊
ヘイムスクリングラ —北欧王朝史 (三) —	(北欧篇3-3) スノッリ・ストゥルルソン著 谷口幸男訳　アイスランド　既刊
ヘイムスクリングラ —北欧王朝史 (四) —	(北欧篇3-4) スノッリ・ストゥルルソン著 谷口幸男訳　アイスランド　既刊
カレワラ　タリナ	(北欧篇4) マルッティ・ハーヴィオ著 坂井玲子訳　フィンランド　　既刊
棕梠の葉とバラの花 —独居老女悲話—	(北欧篇5) スティーグ・クラーソン著 横山民司訳　スウェーデン　既刊
ニルスの旅 —スウェーデン初等地理読本—	(北欧篇6) セルマ・ラーゲレーヴ著 山崎陽子訳　スウェーデン　既刊
赤毛のエイリークの末裔たち —米大陸のアイスランド入植者—	(北欧篇7) エルヴァ・スィムンズソン著 山元正憲訳　カナダ　既刊
赤毛のエイリークの末裔たち (2) —ニュー・アイスランダー—	(北欧篇7-2) D & V. アーナソン編著 山元正憲訳　カナダ　既刊

赤毛のエイリークの末裔たち（2）

2015年12月20日　第一刷

1000点世界文学大系

著　者	David & Vincent Arnason
訳　者	山元 正憲
編　集	横山 民司
発行所	プレスポート 〒362-0067 埼玉県上尾市中分1-23-4 Telefax 048-781-0075 http://www.nordicpress.jp
レイアウト	江口デザイン
印刷・製本	平河工業社

© Masanori Yamamoto 2015

※本シリーズに関するご希望・ご感想等をホームページにお寄せください。

ISBN　978-4-905392-10-1
　　　　192-0397-01500-7　　　　　　　　　　　Printed in Japan